本书受西北农林科技大学经济管理学院资助出版

农地租赁契约形成机制及契约效果研究

李星光　霍学喜　刘军弟　著

中国农业出版社
北 京

在农村现实情境中，农地流转交易对象常常局限于亲朋好友之间。契约期限以短期为主，通常采用无偿转包的方式，导致农地租赁契约表现出口头化、短期化、非正规化的特征。更为重要的是，当前中国农地产权市场处于深化改革与转型期，农地租赁契约的选择受到不完善的农地产权制度及非正式规则的影响，不利于降低农地租赁交易双方违约的可能性。可见，农地存在产权风险是中国农地租赁市场发育过程中和农地租赁契约形成过程中最重要、最典型的特征。在此情境中，从正式产权制度改革和非正式规则角度，探析农地流转租金、流转规模、流转期限的形成机制，成为学术界、农业产业界和政策制定者关注的重点。进一步地，在农地租赁契约具有完全性的情境中，农地交易双方事先约定各自的权利、责任和义务，有助于降低交易当事人违约可能性，降低农地产权风险预期。然而，外部环境的复杂性和不确定性通常造成农地租赁契约缺乏有效性，农地交易者面临被其他当事人"敲竹杠"的风险，减少事前专用性资产投资，农业生产效率和农户家庭收入受影响。基于上述分析，本研究以契约经济学、生产经济学、农民经济学和福利经济学为理论指导，拟回答如下关键问题：农地确权改革和非正式规则对农地流转租金、流转规模和流转期限的影响机制是什么？农地租赁契约对农地长期投资、农业生产效率和农户家庭收入的影响机制是什么？围绕上述问题，本研究对农地租赁契约形成机制及契约效果进行规范分析和实证检验，并根据研究结果凝练总结出改善农地租赁市场培育质量、提高农户福利水平和促进农业可持续发展的政策建议。因此，本研究的具体内容规划如下：

第一部分为导论，涵盖论文第 1 章。第 1 章围绕农地流转租金、流转规模和流转期限的形成机制，以及农地租赁契约对农地长期投资、农业生产效率和农户家庭收入影响的重要性，阐述本文研究背景和拟解决的关键问题，凝练总结出研究目的和意义。在系统梳理和总结完全契约理论和不完全契约理论的研究进展，综述和评价国内外农地租赁契约形成机制及农地租赁契约对农地长期投资、农业生产效率和农户家庭收入影响相关文献的基础上，阐明农地租赁契约的形成过程，以及农地租赁契约对农地长期投资、农业生产效率和农户家庭收入的影响。结合研究目标和前人研究成果，设计并完善本研究的技术路线、研究方法及抽样方案，归纳和总结本研究的创新之处。

第二部分为农地租赁契约形成机制及契约效果的理论分析和制度背景，涵盖论文第2章和第3章。第2章遵循"减少农业资本转移成本—降低农业劳动力监督成本和经济建设用地成本—发挥市场机制作用，促进资本替代劳动力"的理论逻辑，分析1949年以来农地产权制度的演进过程，阐释中央政府、地方政府、农村集体经济组织、承包经营户和经营户等相关利益主体之间的博弈机理，以及推动农地产权制度演进过程中出现的土地周期性调整，农地租赁契约短期化、非正规化和生产行为短期化等现实问题。第2章的目的在于系统梳理新中国农地产权制度的演进逻辑与存在的现实问题，从而为后文理论建模与实证分析提供必要的制度背景。第3章以契约经济学为理论指导，以农地流转交易行为为基本研究单元，在界定农地产权风险和农地交易双方互惠关系等关键概念的基础上，从农地确权颁证改革和非正式规则角度，构建农地流转租金、流转规模和流转期限形成机制的理论框架。以新古典经济学和新制度经济学为理论指导，以苹果种植户为基本研究单元，在农地产权风险较高的情境中，构建农地租赁契约对农地长期投资、农业生产效率和农户家庭收入影响的理论框架。

第三部分为农地租赁契约形成机制及契约效果的实证分析，涵盖论文第4章、第5章、第6章和第7章。第4章以农户效用最大化为目标，基于山东和陕西2省6县762户专业化苹果种植户465份农地租赁契约的微观调查数据，分析农地确权改革、第三方参与农地流转交易和农地交易双方互惠关系对农地流转租金、流转规模和流转期限的影响机理，并检验农地租赁契约形式和违约惩罚条款的作用。第 5 章以农户收益最大化为目标，构建农地租赁契约对农地长期投资影响的分析框架，利用 OLS 模型、倾向得分匹配法、工具变量法、准自然实验法、家庭固定效应模型及 762 户农户层面和 1 163 个地块层面的微观调查数据，实证分析农地流转规模、流转租金、是否租赁地和农地租赁契约稳定性对农地长期投资的影响机制。第 6 章以农户收益最大化为目标，构建农地租赁契约对农业生产效率影响的分析框架，利用 OLS 模型、倾向得分匹配法、工具变量法、家庭固定效应模型及 762 户农户层面和 1 163 个地块层面的微观调查数据，实证分析流转规模、是否租赁地和农地租赁契约稳定性对农业生产效率的影响机制。第 7 章以农户收益最大化为目标，构建农地租赁契约对农户家庭收入影响的分析框架，利用 OLS 模型、倾向得分匹配法、工具变量法、家庭固定效应模型及 762 户农户层面和 1 163 个地块层面的微观调查数据，实证分析流转规模、是否租赁地和农地租赁契约稳定性对农户家庭收入的影响机制。

　　本研究的主要结论包括：

　　(1) 正式产权制度和非正式规则对流转租金影响的实证分析形成如下结论：一是农地确权颁证、第三方参与对提高流转租金具有正向影响，而交易双方彼此馈赠或帮工对降低流转租金具有正向影响；二是第三方参与和交易双方彼此馈赠或帮工有助于签订书面合同，且签订书面合同是第三方参与影响流转租金的中介变量；三是第三方参与和交易双方彼此馈赠或帮工有助于签订违约惩罚条款，且违约惩罚条款是第三方参与影响流转租金的中介变量。

　　(2) 正式产权制度和非正式规则对流转规模影响的实证分析形成如下结论：一是农地确权颁证和第三方参与扩大流转规模，但农地交易双方互惠关系对流转规模的促进作用并不显著；二是签订书面合同有助于促进流转规模，且签订书面合同降低第三方参与和农地交易双方互惠关系对流转规模的正向影响；三是违约惩罚条款有助于促进流转规模，且违约惩罚条款降低第三方参与对流转规模的正向影响。

（3）正式产权制度和非正式规则对流转期限影响的实证分析形成如下结论：一是农地确权颁证、第三方参与和农地交易双方互惠关系对延长流转期限具有正向影响；二是签订书面合同有助于延长流转期限，且签订书面合同是农地确权颁证和交易双方彼此馈赠或帮工影响流转期限的中介变量；三是违约惩罚条款有助于延长流转期限，且违约惩罚条款减弱担保人参与和农地交易双方彼此馈赠或帮工对流转期限的影响。

（4）农地租赁契约对农地长期投资影响的实证分析形成如下结论：一是转入农地及农地流转规模越大，越有助于促进农家肥投资；二是农地流转租金越高越有助于促进农家肥投资；三是与承包地相比，租赁地的农家肥投资减少 34.23%～42.59%；四是农地流转期限延长以及农地流转得到村集体经济组织批准或备案有助于激励农家肥投资。

（5）农地租赁契约对农业生产效率影响的实证分析形成如下结论：一是农地市场化交易不仅扩大土地经营规模，获得规模经济效应，还改善农地要素配置效率，从而提高农业生产效率；二是与承包地相比，租赁地的单位面积产量下降 33.97%，单位面积收益下降 35.73%，且农业劳动力投入是租赁地对农业生产效率影响的中介变量；三是农地流转期限延长以及农地流转得到村集体经济组织批准或备案有助于促进农业生产效率，且农业劳动力投入是农地租赁契约稳定性对农业生产效率影响的中介变量。

（6）农地租赁契约对农户家庭收入影响的实证分析形成如下结论：一是参与农地租赁市场不仅有助于改善农地要素配置效率，还有助于扩大土地经营规模，增加农业经营收入，降低非农工资性收入；二是与承包地相比，租赁地农业劳动力投入减少 13.06%，苹果种植收入减少 32.29%；三是农地流转期限延长，农地交易双方签订书面合同，及农地租赁契约包含违约惩罚条款有助于激励农业生产性投资，从而提高农业经营收入。

前言

第1章 导　　论

1.1　研究背景

1.1.1　农地确权颁证和非正式规则对农地租赁契约选择的影响

在现实情境中，多数农地流转交易对象局限于亲朋好友之间，租赁契约期限以短期为主，通常采用无偿转包的方式，从而导致农地租赁契约表现出口头化、短期化、非正规化的特征（Cheng et al.，2019；王亚楠等，2015；田传浩等，2013）。如果农地租赁市场具有有效性，则交易双方在农地租赁契约形成过程中具有经济理性，而且达到均衡时的农地租赁契约具有帕累托最优属性。此时，农地交易双方更有可能共同遵守并维护农地租赁契约的福利机制。但当前中国农地产权市场处于深化改革与转型期，农地租赁契约的选择受到不完善的农地产权制度及非正式规则的影响，加之农地交易者的有限理性及机会主义倾向（聂辉华，2017），不利于降低农地租赁交易违约的可能性。因此，在农地产权模糊的背景下，农地产权风险是中国农地流转市场发育过程中和农地租赁契约形成过程中最重要、最典型的特征。在此情境中，基于农地产权制度改革和非正式规则角度，探析农地流转租金、流转规模和流转期限的形成机制，成为学术界、农业产业界和政策制定者关注的重点。

改革开放以来，形成的以家庭承包经营为基础、统分结合的双层经营体制，在产权执行层面导致农业经营者流入农地经营权并基于固定租金契约获得现场控制权和剩余索取权，但农地终极控制权仍属于原承包户，从而增加农户提前失去租赁地的可能性，隐含着农地租赁市场产权风险（罗必良等，

2017；Peter，2014)。值得注意的是，农地产权风险既依赖于正式产权制度的有效性，还依赖于非正式规则的约束(Van Gelder et al.，2010)。新制度经济学认为，清晰界定的产权结构有利于提高市场交易效率(Coase，1960)。为此，中央政府开始实施以确权登记颁证为主要标志的农地产权制度改革：2009 年选择 8 个村庄作为试点村，随后 2010 年中央 1 号文件提出全面落实"四到户"(地块、面积、合同、证书)，并扩大承包经营权登记试点范围，2011 年选择 50 个县 12 150 个村庄作为试点村，2013 年中央 1 号文件明确要求"用 5 年时间基本完成农村土地承包经营权确权登记颁证工作"(Cheng et al.，2019)。农地确权颁证明晰了农地权属关系结构，降低了农地产权边界模糊性，有助于降低单个农户参与农地租赁市场的交易成本，从而影响农地租赁契约的形成(Wang et al.，2018)。然而，有学者指出，部分发展中国家试图通过产权制度改革降低农地产权风险，但效果并不显著，可能是因为非正式规则稳定农地产权风险的同时减弱了产权制度改革的实际效果，法律执行不完善以及政策失误等(Chari et al.，2017；Cheng et al.，2017)。作为当前最重要的农地产权制度改革措施，农地确权颁证对农地租赁契约形成机制的影响是本研究关注的重点。

在市场范围逐渐扩大、市场经济迅速发展的情境中，以关系经济为基础的非正式规则并不利于提高农地产权交易的市场效率。从市场交易的性质分析，我国农地租赁市场上的产权交易主要以关系经济为基础，与发达国家基于契约经济的产权交易存在较大差距。在中国现行的农村基本经营制度框架下，关系经济可能具有优势和特点，但随着市场化改革的深入及交易成本上升，基于信任的农地经营权交易难以实现(卢现祥，2011)。特别是在农地产权流转的范围和规模不断扩大的背景下，建立在法律规制基础上的契约经济制度又不完善，导致以关系经济为基础的非正式农地产权流转的交易成本上升、农地产权交易的市场效率降低(李星光等，2018)，不利于促进农地租赁市场培育，降低了农业生产要素配置效率。

1.1.2 农地租赁契约对生产性投资、生产效率和农户家庭收入的影响

理论上，农户参与农地租赁市场、从事农业生产经营的目标是实现家庭

收益最大化，而农地租赁契约稳定性和持续性决定农业生产性投资的意愿，进而影响农业生产效率和农户家庭收入。在农地产权制度不完善的背景下，较高的农地产权风险不仅增加农户参与农地流转市场的交易成本，抑制农地流转规模及流转市场参与，而且不利于提高剩余索取权安全性，降低农户及时收回农业生产性投资收益可得性预期，类似于对农户征收"随机税"，最终抑制农户福利改善（田传浩等，2013；仇焕广等，2017）。农地产权风险源自产权界定和产权执行两个层面（罗必良，2019）。在农地产权模糊的情境中，完全的农地租赁契约有助于在事前规定交易双方的权利、责任和义务，从而降低产权风险预期，增强农户剩余索取权安全性（李星光等，2019；聂辉华，2017）。然而，实践中外部环境的复杂性和不确定性通常造成农地租赁契约的不完全性，此时农地交易者面临被其他当事人"敲竹杠"的风险（聂辉华，2017）。在法律制度有效性不足的背景下，受害方难以获得符合效率标准的损害赔偿金，从而减少事前专用性资产投资，最终影响农业生产效率和农户家庭收入。

农地是一种典型的不动产，突出特征是投资回收期限较长，如果农户预期到无法获得农地长期投资的完全剩余索取权，通常降低农户农地长期投资的意愿（仇焕广等，2017；李星光等，2019）。然而，低效率的农地长期投资不利于改善土地质量，会限制农业生产效率的提高和农户家庭收入的持续增长。有研究认为，当期土地质量依赖于当期土壤营养物质等长期保护性投资量，则对土地质量改善的分析可简化为对土地长期保护性投资的分析（Lyu et al.，2019）。长期以来，农户为农业增产而大量使用化肥，忽视农家肥等农地长期投资，导致农地质量退化问题突出，而农地产权制度不完善造成农地流转趋于短期化和非正式化，农户掠夺式生产（金书秦等，2013；Lyu et al.，2019）。鉴于此，本研究试图分析农地租赁契约对农地长期投资的影响。

实践中，农业经营者行为能力受约束及法律法规设计的歧视性造成农地产权模糊，导致农地产权风险较高，既不利于扩大土地经营规模，提升农业机械化水平，还不利于激励农业生产性投资，难以提高农业生产效率和农户家庭收入（罗必良，2011；许庆等，2011；程令国等，2016）。然而，完全的农地租赁契约有助于降低产权风险预期，培育农地租赁市场，但实践中农地租赁契约通常是不完全的，不利于有效防范农地交易者机会主义行为或道德风险。在农地租赁市场发育不完善的情境中，农户难以有效扩大土地经营规模，农业生产难以产生规模经济效应。而在农业资产专用性较强的条件下，农地产权风险较高难以有效激励专用性资产投资，最终影响农业生产效率和农户家庭收入。鉴于此，本研究试图以专业化苹果种植户为案例，分析农地租赁契约对农业生产效率和农户家庭收入的影响。

选择专业化苹果种植户作为本研究的典型案例，是因为：①在农业经营收入普遍不高的情境中，农业生产的经济租金可能难以提供有效激励（钟甫宁等，2009），农地租赁契约的经济影响可能并不被农户关注，而专业化苹果种植户主要从事高价值农产品生产，生产项目高度集中，单一农产品在家庭经营中占比相对较高（侯建昀等，2016），从而更关注农业生产；②与粮食作物相比，政府对苹果生产经营活动的干预较少，农地等要素市场的有效性程度更高，农地流转及要素配置行为更符合本研究的理论模型原理；③苹果是多年生作物，苹果园的经济周期在 25 年以上，苹果园基础设施建设及果园装备等资产具有专用性特征，苹果种植户高度关注转入土地的契约期限、农地经营权的稳定性，更加注重农地流转过程的规范性和契约的稳定性，因而以苹果种植户为案例有利于验证农地产权制度改革的实际效果。

综上所述，农业经营者行为能力受约束及法律法规设计的歧视性造成农地产权模糊，并导致产权风险是农地租赁市场培育过程中和农地租赁契约形成过程中最重要、最典型的特征。在此情境中，从农地产权制度改革和非正式规则角度，探析农地流转租金、流转规模和流转期限的形成机制是理解农地租赁市场运行机理的必然要求。进一步地，农地产权风险依赖于清晰的产权界定和良好的产权执行，而在农地产权模糊的情境中，完全的农地租赁契约有利于改善农地产权风险预期，从而在约束条件下获得次优的契约效果（聂辉华，2017）。本研究把契约效果界定为农业生产性投资、农业生产效率和农户家庭收入，这是因为农地租赁契约直接决定农业生产性投资的意愿，进而影响农业生产效率和农户经营收入。然而，实践中农地租赁契约通常是不完全的，加之转型过程中，国家法律制度还不健全，不利于降低农地交易双方机会主义行为或道德风险，从而导致农业生产行为短期化。鉴于此，分析农地租赁契约对农地长期投资、农业生产效率和农户家庭收入的影响是完

善农地产权制度安排、深化农地"三权"分置改革和实施乡村振兴战略的必
然要求。

1.2　研究目的和意义

1.2.1　研究目的

本研究将围绕改善农地租赁市场培育质量、提高农户福利水平和促进农
业可持续发展这一研究主旨，以新古典经济学和新制度经济学为理论指导，
在归纳总结 1949 年以来农地产权制度演进规律的基础上，构建农地租赁契
约形成机制的理论框架，解析农地产权制度改革和非正式规则对农地租赁契
约选择的影响机理。进一步地，把农地产权风险细分为产权界定和产权执行
两个层面，分析农地租赁契约对农地长期投资、农业生产效率和农户家庭收
入的影响机理，据此提出相关研究假说。在此基础上，本书以专业化苹果种
植户为研究对象，对农地流转租金、流转规模和流转期限的形成机制，以及
农地租赁契约与农地长期投资、农业生产效率和农户家庭收入的关系进行实
证分析。综合影响农地租赁契约形成机制的因素及农地租赁契约的经济影
响，针对性地提出管控农地产权风险、培育农地租赁市场、提高农户福利、
促进农业可持续发展的政策建议和相关措施。

具体的研究目标设计为：

（1）围绕农地产权制度的演进逻辑、规律及特征，基于多重委托—代理
关系理论框架，分析中央政府、地方政府、农村集体经济组织、承包经营户
和经营户等相关利益主体对要素相对价格变化的反应及彼此间的博弈机理，
构建农地产权制度演进逻辑的理论模型，阐释农地产权制度演进过程中出现
的土地周期性调整、农地租赁契约短期化、非正规化及农业生产行为短期化
等现实问题，从而为理论建模和实证分析提供必要的制度背景。

（2）围绕农地租赁契约形成机制，基于正式产权制度改革和非正式规
则，构建农地流转租金、流转规模和流转期限的理论框架，设计科学、合理
地管控农地产权风险、培育农地租赁市场的方案；围绕农地租赁契约效果，
构建农地租赁契约对农地长期投资、农业生产效率和农户家庭收入影响的理
论框架，设计科学、合理的提高农户福利、促进农业可持续发展的方案。

第一，在农地产权风险较高的情境中，以契约经济学为理论依据，构建农地产权制度改革和非正式规则影响农地流转租金、流转规模和流转期限的理论框架。以分层随机抽样为总体原则，利用概率与规模成比例的抽样方法，通过实地调查，收集环渤海湾优势产区和黄土高原优势产区苹果种植户农地租赁契约的相关数据，应用 OLS 模型、双重差分法、两阶段选择模型、中介效应模型和工具变量法，揭示农地确权颁证和非正式规则对农地流转租金、流转规模和流转期限的影响，并明确农地租赁契约形式和违约惩罚条款的作用。

第二，基于福利经济学和契约经济理论，构建农地租赁契约对农地长期投资、农业生产效率和农户家庭收入影响的分析框架。通过陕西和山东 2 省 6 县的实地调查，利用 762 户农户层面和 1 163 个地块层面的调查数据，应用 OLS 模型、倾向得分匹配法和工具变量法等，分析农地租赁契约对农地长期投资的影响机制，应用 OLS 模型、倾向得分匹配法和中介效应模型等，分析农地租赁契约对农业生产效率和农户家庭收入的影响机制。

（3）依据农地租赁契约形成机制的影响因素及契约效果的结论，针对性地提出增强农地租赁契约稳定性和持续性、提高农户福利水平及促进农业持续发展的政策建议和相关措施。

1.2.2　研究意义

本书围绕培育农地租赁市场、提升农户福利水平、促进农业可持续发展的关键科学问题，归纳总结 1949 年以来农地产权制度的演进逻辑、规律和特征，解析农地租赁契约形成机制，构建农地租赁契约对农地长期投资、农业生产效率和农户家庭收入影响的理论框架，具有重要的理论意义。在此基础上，针对性地提出管控农地产权风险、培育农地租赁市场、提高农户福利水平、促进农业可持续发展的政策和相关措施建议，具有重要的实践意义。

（1）借鉴新制度主义范式和马克思主义市场化配置理论，融合多重委托—代理关系框架和要素相对价格变化机理，构建关于农地产权制度演进逻辑的理论模型，有助于丰富和完善农地产权制度变迁研究的理论体系，审视农地产权制度改革的效果及经验与教训，为农地"三权"分置改革和实施乡村振兴战略提供理论依据和决策支持。

（2）借鉴契约经济理论，构建农地租赁契约形成机制的理论模型，有助于在经济转型情境中丰富和拓展契约经济理论。运用实证研究方法，分析正式产权制度改革和非正式规则对农地租赁契约选择的影响机理，有助于评价农地产权制度改革的政策效果，从而培育农地租赁市场，提高市场交易效率和改善农业租佃条件。

（3）综合福利经济学和契约经济理论，把农地产权风险细分为产权界定层面和产权执行层面，规范分析农地租赁契约对农地长期投资、农业生产效率和农户家庭收入的影响机制，有助于在经济转型情境中丰富、发展和完善有关契约经济绩效的相关理论。运用实证研究方法，评估农地租赁契约的实际效果，提出有针对性的政策建议不仅有助于促进农地可持续利用，提高农地质量，还有助于激励农业生产性投资，扩大农业经营规模，从而提高农业生产效率，提高农业经营收入，破解"谁来种地""怎么种地"的难题。

1.3 文献综述与评价

1.3.1 契约理论

契约理论主要通过各种商品或劳务交换的契约关系分析市场交易行为，设计人类行为的约束机制或制度，以实现社会福利最大化。在信息不对称的情境中，缔约过程通常出现逆向选择、道德风险、"敲竹杠"和承诺不能兑现等问题，其中逆向选择属于机制设计理论的范畴，其他三项是契约理论关注的焦点问题（聂辉华，2017）。在新古典经济学领域，市场交易行为有助于提高交易双方福利，被认为是一个瞬间完成的自然过程；但现实中多数市场交易过程具有复杂性，各方交易行为难以同时完成；此时契约被引入到交易过程中，以便事前规定交易的各种事项，事后验证实际交易情况，并由此发展出契约理论（黄少卿，2012）。科斯在1937年发表的《企业的本质》中指出，在预测难度较大的情境中，关于供给商品或提供劳务的契约期限越长，越难以明确规定交易双方的具体行为。随后，契约理论沿着两个不同方向演进：一是完全契约理论，强调市场交易者有能力预见到未来所有可能状态，从而制定最优收入转移机制和风险分担机制，以获得次优效率；二是不完全契约理论，强调外部环境不确定性、有限理性和资产专用性导致多数契约是不完全的，从而造成事后的"敲竹杠"问题（聂辉华，2017）。

值得注意的是，完全契约理论和不完全契约理论的本质区别在于：完全契约理论以信息经济学为基础，认为交易双方有能力预见到未来所有可能的自然状态，并在事前规定各自的权利、责任和义务，从而实现次优效率，强调事后的监督问题；而不完全契约理论以新制度经济学为基础，认为无法事前规定各种可能状态下交易各方的权利、责任和义务，主张通过事后再谈判加以解决，强调事前权利的制度安排或机制设计（朱琪等，2018；杨瑞龙等，2006）。

1.3.1.1 完全契约理论

信息不对称情境中的代理人道德风险问题是完全契约理论关注的焦点，其基本研究假设主要有三项：一是，委托人和代理人是完全理性的，有能力预见到未来所有可能的自然状态；二是，当事人之间信息不对称，代理人拥有自身私人行动的信息优势；三是，对法庭等第三方而言，当事人签订可证实的关键契约变量（聂辉华，2017；朱琪等，2018）。基于以上假设，完全契约理论指出，工资机制和风险分担机制是实现契约当事人之间激励约束相容、减少代理人道德风险行为的主要激励工具，而委托人必须权衡激励和风险的成本及收益，获得次优效率，难以实现社会最优（科斯等，1999；聂辉华，2017）。

从理论模型看，单个委托人和单个代理人的单任务道德风险模型是最简单的完全契约理论模型。Holmstrom（1979）证明，在信息不对称的情境中，契约当事人无法实现风险最优分担，委托人必须权衡激励和保险的成本及收益，从而为代理人提供次优契约。围绕放松单任务条件的假设，Holmstrom et al.（1991）构建了多任务道德风险模型，提出不同任务之间的激励平衡原则，以避免代理人在不同属性任务之间的套利行为。围绕放松单个代理人或单个委托人条件的假设，学者们提出多代理人的搭便车问题或团队生产问题、合谋问题以及多委托人的共同代理问题（Alchina et al.，1972；Holmstrom，1982；Tirole，1986；Bernheim，1986）。

然而，上述理论模型均属于静态模型，忽视了契约当事人之间的重复博弈。围绕委托人和代理人的重复博弈，Fama（1980）认为，市场声誉有利于减轻代理人的短期偷懒问题。然而，Holmstrom et al.（1994）研究职业经理人对职业生涯关注问题时指出，声誉效应并未降低短期机会主义倾向。围绕多个代理人的重复博弈，Tirole（1996）拓展了个体声誉，分析代理人如何形成和维持集体声誉机制。还应指出的是，完全契约理论被广泛应用于分析企业内部或组织内部的激励机制、金融契约和公司治理，企业之间市场互动，以及政府对企业的规制等方面（聂辉华，2017）。

1.3.1.2　不完全契约理论

不完全契约理论聚焦利用事前产权制度安排解决事后"敲竹杠"问题，其基本研究假设主要有三：一是契约当事人是有限理性的，难以预期到未来所有可能的自然状态；二是委托人和代理人具有机会主义倾向；三是需要事前专用性投资（聂辉华，2017）。考虑到委托人和代理人通常难以预期未来所有可能自然状态，或难以用缔约各方满意的共同语言描述可能状态，或部分契约关键变量难以向第三方证实，导致实践中大部分契约是不完全的（Hart，1995）。基于以上假设，不完全契约理论认为，在需要事前专用性投资的情境中，事前产权安排是解决事后"敲竹杠"问题、给予更多的投资激励和实现次优效率的主要工具（倪娟，2016）。

不完全契约理论是对企业产权理论的发展，而企业产权理论是对交易成本经济学的发展（聂辉华，2017）。Williamson（1985）指出，在不完全契约的情境中，企业一体化有助于行政性指令或权威替代市场交易机制，从而减少"敲竹杠"行为，降低交易成本。然而，Grossman et al.（1986）认为，企业一体化并未减少当事人的机会主义行为，而交易成本理论无法逻辑一致地解释企业边界的变化。为充分激励事前专用性投资，资产所有者应被赋予剩余控制权，从而拥有不完全契约情境中的机动处置权，获得更高的谈判地位及投资收益（倪娟，2016；聂辉华，2017）。值得注意的是，GHM模型是最早提出的产权理论模型，其主要思想是人的有限理性及交易成本过高造成契约当事人签订一份难以涵盖所有可能状态的不完全契约；而关键问题在于，当存在事前专用性投资时，不完全契约无法有效防范当事人的事后机会主义行为，从而扭曲事前投资激励，降低社会福利（聂辉华等，2007）。

假定契约当事人都是风险中性的，交易双方在时期 0 约定在时期 2 由卖方向买方提供特定物品 W。在时期 0 和 1 之间，实践中缔约环境 e 具有复杂性和不确定性，事前规定物品 W 所有具体要求的交易成本过高，导致契约当事人在时期 1 自然状态实现后再议物品 W 的具体要求。此时卖方完成专用性投资 σ，这给买方带来的收益为 $V(e)$，而产生的成本为 $C(\sigma,e)$，满足严格凸函数的性质（$C'_\sigma < 0$，$C''_\sigma > 0$）。在信息对称的情境中，卖方的专用性投资量 σ、买方的收益 $V(e)$ 和成本 $C(\sigma,e)$ 是可观察但难以证实的。简化起见，不考虑外部选择权、谈判成本和贴现，依据纳什谈判解按 1：1 比例分配再谈判的剩余。基于此，社会最优投资决策是求式（1-1）的最优解：

$$SF = \underset{\sigma}{\mathrm{Max}}E_e[V(e) - C(\sigma,e) - \sigma] \qquad (1-1)$$

这里 E_e 表示特定缔约环境下的期望算子，求解可得：$-C'(\sigma^*) = 1$。

在纳什谈判解的条件下，卖方最优投资决策是求式（1-2）的最优解：

$$U_i = \underset{\sigma}{\mathrm{Max}}E_e\left[\frac{V(e) - C(\sigma,e)}{2} - \sigma\right] \qquad (1-2)$$

这里求解可得：$-C'(\sigma^{NE}) = 2$。因此，纳什谈判解的最优投资水平低于社会最优投资水平，即 $\sigma^* > \sigma^{NE}$，从而表明不完全契约情境中事前投资激励不足问题。值得注意的是，GHM 模型主要聚焦一般物品的产权交易过程，但农地经营权流转是一种非交割式的市场出清，具有"期限性"的特征（邹宝玲等，2016b）。现有研究不断放松 GHM 模型的假设前提，从而丰富、完善和拓展不完全契约理论。围绕事前不可缔约或部分可缔约、事后可缔约或不可缔约，蒋士成等（2008）把不完全契约理论经典模型分为行动事前不可缔约而事后可缔约的事前效率模型、行动事前和事后都不可缔约的事前和事后效率模型、部分可缔约的事前和事后效率模型以及收益事后不可证实的事前和事后效率模型等四种类型。

不完全契约理论广泛应用于法经济学领域、公司金融领域、国际贸易领域及产业组织领域等多个方面（倪娟，2016）。然而，不完全契约理论面临许多质疑：一是理论基础不够牢固，如果当事人有能力计算未来收益或成本，则同样有能力以可证实的方式描述未来所有可能的自然状态，从而实现帕累托最优；二是经验上难以度量资产专用性；三是忽略企业或组织内部的科层制和激励机制；等（聂辉华，2017）。因此，借鉴行为经济学相关理论，Hart et al.（2008）发展出以参照点理论为主要特征的第二代不完全契约理论等。

1.3.2　农地租赁契约形成机制研究

围绕培育农地要素市场、改善要素配置效率的主题，学者们广泛关注改善农地租赁市场交易数量和交易质量等相关问题。从农地租赁市场交易数量角度，现有研究详细讨论了农地流转市场参与和流转规模的现状、影响因素以及经济、社会和生态影响等方面；从农地租赁市场交易质量角度，现有研究详细讨论了农地租赁契约形式选择、流转租金和流转期限等方面。因此，为改善农地租赁市场交易数量和质量，本研究重点强调农地租赁契约选择，并围绕契约形式选择、流转租金、流转规模和流转期限等问题梳理和评价相关研究成果。

1.3.2.1　农地租赁契约形式选择研究

现有研究聚焦农地租赁契约形式选择及流转契约化问题，并形成两条主线：一是以实地调研数据为基础，围绕农地租赁契约的现状及问题展开研究；二是以产权理论、交易费用理论为指导，围绕农地租赁契约形式选择的影响因素展开研究。

围绕农地租赁契约的现状及问题，书面合同和口头协议是农地租赁契约两种最主要的形式。有研究指出，农地租赁市场交易质量不断改善，但实践中非正规化的农地转包现象仍普遍存在（王亚楠等，2015）。不同农地流转对象间和不同经济发展水平地区间的农地租赁契约形式选择存在明显差异。从不同流转对象来看，钱忠好等（2016）基于对江苏、黑龙江、广西及湖北的调查数据发现，农地流转契约化程度偏低，这主要是因为农地流转对象局限在熟人社会共同体内部。然而，叶剑平等（2018）在国内 17 个省调查农地使用情况时发现，三分之一左右的农户把农地流转给种植大户或公司，多数农地转出户直接签订书面合同，从而提高农地流转契约化水平。从不同地区来看，经济发达地区的农地流转趋于规范化和市场化，愿意签订正式契约的农户逐渐增多（黄祖辉，2008）。赵其卓等（2008）研究发现，农地流转中口头协议比例不大，且血缘关系、地缘关系的影响并不显著。

围绕农地租赁契约形式选择的影响因素，理论上农户选择何种农地租赁契约形式取决于每种农地租赁契约成本和收益的比较，而农地租赁契约成本主要包括交易成本和机会成本等。从交易成本角度，农地流转的签约成本和履约成本是农地租赁契约交易成本的重要组成部分，交易成本越高越有助于签订书面合同，而交易成本越低越不利于提高农地流转契约化水平（洪名勇等，2016；李星光等，2018）。从机会成本角度，刘文勇等（2013）利用第一劳动力上年外出务工收入和农地流转租金表征机会成本时发现，第一劳动力上年外出务工收入对农户是否签订书面契约没有显著影响，但是农地流转租金越高表明预期收益越大，有助于提高农地流转契约书面化程度。

在熟人社会共同体内部，信任机制和声誉机制等非正式规则有助于降低参与农地流转市场的交易成本，从而影响农地租赁契约形式选择。社会关系的差序格局是中国传统社会最重要的特征，农地租赁契约形式的选择具有典型的差序格局属性，在此情境中，农地流转双方有效防范契约风险的方式依赖于不同农地流转对象间的"差序治理"（刘瑞峰等，2018；Heide，1994）。钱龙等（2015）发现，差序格局机制造成不同流转对象间信任程度的差异，从而导致在亲缘、血缘关系较远的情境中农户倾向于签订书面合同。类似地，洪名勇等（2016）分析信任机制和声誉机制对农地租赁契约形式选择的影响时提出，对流转对象越信任、对方声誉越高，越有助于签订口头协议。此外，农地产权制度不完善导致农地产权风险较高，不利于降低参与农地租赁市场的交易成本，从而影响农地租赁契约形式的选择。然而，刘文勇等（2013）利用亲戚是否为村干部表征地权稳定性时发现，地权稳定性并未显著影响农地租赁契约形式的选择。

1.3.2.2　农地流转租金选择与决策研究

现有研究聚焦农地流转中农地流转租金类型选择及其影响因素，并围绕两方面展开研究：一是以交易费用理论、委托—代理理论为基础，分析固定租金契约和分成契约的属性、特征及形成机制；二是以古典经济学、新古典经济学和新制度经济学为理论基础，分析农地流转租金特别是零租金和低租金的影响因素。

围绕租佃合约的属性或特征，固定租金契约、分成契约和劳动力工资契约是租佃合约的主要类型，在风险规避和生产投资激励等方面存在明显差异。固定租金契约赋予佃户完全剩余索取权，不利于分散农业经营风险；相反地，劳动力工资契约有利于佃户规避生产风险，不利于解决农业劳动力卸责问题，造成农业生产监督成本较高，而分成契约需要在风险和激励之间权衡取舍（Ackerberg，2000）。值得注意的是，影响选择固定租金契约或分成契约的因素不同于影响选择雇佣劳动力或租赁土地的因素（Chaudhuri et al.，2002），而本研究聚焦农地流转租金选择，这里只关注固定租金契约和分成契约的选择。新古典经济学认为，固定租金契约要求佃户支付一定比例的农业产出作为农地租金，不利于激励佃户从事农业生产投资，从而导致分成契约无效率（罗必良等，2015）。然而，Cheung（1968）指出，在农地产权私有化的情境中，地主有能力通过要求投入更多农业劳动力、使用工资契约或固定租金契约及直接出售土地要素等方式，攫取佃户获得的超额剩余，从而导致劳动边际产品难以产生超过生产边际成本的收益。因此在交易成本为正的情境中，分成契约可以降低生产风险，有助于实现收益最大化，有效配置资源，从而解释历史上大量分成契约存在的原因。

围绕固定租金契约和分成契约的形成机制，风险分担假设、道德风险假设和资本市场不完全假设是分成契约形成机制的主要原因。风险分担假设认为，在农地要素丰富而劳动力要素稀缺的情境中，地主通过分担农业产出风险吸引佃户，特别是风险规避型的贫穷佃户，从而有助于对农业产出风险提供部分保险，激励佃户从事农业生产经营（Ackerberg，2000）。Bellemare（2012）利用对马达加斯加的调查数据分析富余佃户和贫穷地主契约租金类型选择时发现，在风险规避型地主和佃户或交易成本较高的情境中，分成契约通常优于固定租金契约。

道德风险假设认为，在信息不对称的情境中，农户生产努力投入的边际成本越高，越可能选择固定租金契约，但种植多年生作物不利于签订固定租金契约，这可能是因为固定租金契约造成农户过度生产，不利于促进作物长期生长，损害农业未来生产能力，因此最优契约选择依赖于生产投资激励和规避有价值资产滥用的成本收益比较（Holmstrom et al.，1994）。Dubois（2002）在分析农业分成契约与土地质量的关系时提出，土地质量水平依赖于先前土地肥沃程度和农业经营者生产努力投入，而土地质量可观察但不可被证实，导致农地租赁契约不完全，因此，最优租赁契约应在过度利用土地资源和土地肥沃程度之间权衡取舍。类似地，Chaudhuri et al.（2002）利用对印度的调查数据研究地块特征对契约租金类型选择的影响时发现，土地质量或价值越高越有利于签订分成契约，质量或生产力水平中等的地块倾向于采用分成契约，质量或生产力水平最低的地块倾向于使用固定租金契约，而质量或生产力水平最高的地块倾向于自有耕种。

资本市场不完全假设认为，在农村借贷市场或资本市场发育不完善的情境中，缺乏抵押品的贫穷农户受限于流动性约束，难以获得必要的农业生产资料。Ackerberg（2000）的经验证据表明，道德风险假设和资本市场不完全假设是选择分成契约的主要原因，表明地主重视规避佃户的机会主义行为，而贫穷佃户需要地主的信贷支持。值得注意的是，因为我国农地产权交易政策长期滞后，相关配套制度安排和公共服务不完善，所以农地租赁市场发育滞后，多数农地流转交易局限于亲朋好友之间，采用无偿转包的方式（王亚楠等，2015）；而实践中分成契约较少，主要存在于特定的案例中。因此，这里重点关注固定租金契约的形成机制。在以集体所有、家庭承包经营为主要特征的农业基本经营制度下，农地产权交易具有特殊性，在"三权"分置的情境中，农地流转租金主要是指农地经营权的租赁价格。

围绕农地流转租金的影响因素，现有研究构建农地流转租金影响因素的分析框架，其中产权风险及交易成本对农地流转租金的影响受到广泛重视。在古典经济学阶段，威廉·配第最早关注农地租金问题，提出"地租是农业经营收益减去生产成本后的剩余"（配第，2011）。亚当·斯密（1972）和李嘉图（1962）强调地租的农地自然力属性，并指出地块特征及用途、资本积累水平以及农地市场供求关系是影响农地流转租金的重要因素。对中国而言，申云等（2012）利用对江西、安徽和江苏3省786户的调查数据分析农地流转租金的影响因素时发现，地块空间位置、平整度等地块特征，农地流转期限以及经济发展程度显著正向影响农地流转租金。类似地，纪月清等（2017）分析地块规模与农地流转租金的关系发现，地块规模扩大或租赁地与自有地相连将有助于促进农业规模经营，从而提高农地流转租金。在农地经营权交易过程中，农地交易双方的议价能力显著影响农地流转租金，而转出户更强的议价能力导致较高的农地成交价格（王倩等，2018）。然而，马克思从生产关系角度强调农地租金依托于农地所有权，阐明地租的本质是"资本产生的剩余价值的一部分"，系统阐释级差地租和绝对地租，超越了古典经济学家将地租归于土地自然力的观点（田先红等，2013）。

在新古典经济学阶段，基于边际理论，马歇尔等经济学家强调农地租金的边际生产力观点（田先红等，2013）。马歇尔（2011）指出，边际上土地产生的收益仅可抵偿农业经营者生产费用，而农业经营者使用所有土地产生的总收益可抵偿其所有劳动力和资本的成本。与古典经济学关注地租的来源及性质相比，新古典经济学更关注地租数量的决定因素，并指出地租水平取决于土地边际产品，而土地要素具有同质性是边际生产力理论的假设前提（周立群等，2010）。李太平等（2015）分析农产品价格与农地流转租金的关系时发现，农产品价格越高越有助于提高当前农业经营收益，改善未来价格预期，从而促进农地流转租金。与之相似，Chang et al.（2015）研究发现，农地生产率和农地未来发展权有助于显著提高农地流转价格。

在新制度经济学阶段，产权结构和风险以及交易费用是影响农地流转租金形成机制的重要因素（田先红等，2013）。实践中我国农地流转"租金分层"现象凸显，表明农地要素在不同生产者间和不同用途间的流动并不充分，农地要素市场有效性亟须改善（江淑斌等，2013）。类似地，翟研宁等（2013）研究发现，农地租赁市场交易成本高昂以及农地产权制度不完善导致农地经营权交易的实际价格与名义价格差异明显。为此，中央政府开始实施一系列以明晰农地权属关系结构、培育农地租赁市场为主要内容的农地产权制度改革，农地确权颁证有助于消除农地产权边界模糊和不稳定的风险，提高农地内在价值（程令国等，2016）。Wang et al.（2018）通过中国健康与养老追踪调查数据发现，农地确权改革有助于农地流转租金显著提高25%左右。然而，Rao et al.（2017）研究农地确权颁证与农地产权安全性感知的关系后发现，正式土地文件的颁布并未显著改善农业经营者产权安全性感知。

围绕产权结构及风险对农地流转租金的影响机制，在农地产权模糊的情境中，产权风险决定经济剩余的可得性及大小。降低农地产权风险不仅依赖于农地产权制度改革等正式法律制度，还依赖于风俗习惯等非正式规则（Van Gelder et al.，2010），而关联博弈机制、重复博弈机制和信任机制是熟人社会共同体内部普遍存在的非正式规则。王亚楠等（2015）认为，当农地存在产权风险时，农户可能会为追求产权安全而放弃当期租金，因为转出户在非农就业失业或未来农地被征用导致农地未来价值升高的情境中可以及时收回农地，降低失去农地的风险。应指出的是，零租金或低租金的农地流转通常发生在亲朋好友之间（Gao et al.，2012）。可能的原因是，在农地经营权流转过程中，血缘、亲缘和地缘等非正式关系减少了交易双方信息不对称情况的发生，有助于利用零租金或低租金方式换取交易对象的合作行为和日常生活中其他方面的互惠行为，从而替代或弱化产权边界模糊与风险，降低农地流转违约的可能性，符合农村社会普遍存在的关联博弈机制。

与此同时，陈奕山等（2017）研究发现，在以零地租为实现方式的农地产权交易中，农地交易双方存在显著的人情交换特色，即农地流转租金表现出"人际关系租"的特征。可能的解释是，拥有良好的人情关系或人际关系有利于实现交易双方的长期合作与互惠，农地交易者利用人情租替代货币地租，减小产权边界不确定的风险，符合熟人社会普遍存在的重复博弈机制。周海文等（2019）分析社会信任与流转租金的关系时发现，当流转对象为村集体经济组织、企业或种植大户时，社会信任通过风险规避机制降低农地流转租金，而当农地流转对象为农户时，社会信任通过风险规避机制和人情收益机制降低农地流转租金，且农户间农地流转社会信任的抑制作用更明显。然而，Bryan et al.（2015）通过对加拿大的调查数据发现，地主和佃户的家庭联系并未显著影响农地租金。对中国而言，仇童伟等（2019）研究发现，农地流转租金在熟人交易和非熟人交易之间不存在显著差异，表明农地流转市场趋于具备市场化特征。

围绕交易成本对农地流转租金的影响机制，现有研究关注社会资本和政府介入通过降低交易成本影响农地流转租金。李星光等（2016）研究关系网络对农地流转的影响时发现，农地租赁市场是典型的"人情市场"，关系网络通过降低交易成本助力农地流转。Tang et al.（2019）利用农地实际交易价格与农地真实价值的比值表征流转租金有效性，分析社会联系、政府介入与农地流转租金有效性的关系时发现，社会联系越密切越有助于降低交易成本，促进社会资本投资，不利于改善流转租金有效性，而政府通过农地用途管制、农地流转程序标准化以及组织农地流转等方式介入降低交易成本，从而改善流转租金有效性。

此外，还有部分研究利用空间计量经济学方法分析农地流转价格的空间分布特征及演化规律（申云等，2012）。Yang et al.（2017）检验农地市场

"一价定律"的有效性，结果发现区域间结构性差异导致"一价定律"的局部有效性。进一步地，Yang et al.（2019）采用价格扩散模型研究德国地租的空间传递模式时发现，农地租金趋于长期均衡，但价格传导机制通过邻近地区的短期价格调整发挥作用，表现为高地租区域向低地租区域的价格溢出效应。Huang et al.（2006）引入空间和序列相关性分析农地租金的影响因素时发现，农地租金随着土壤质量改善、人口密度增大和个人收入提高而增加，但随着与大城市距离增加、城市化水平降低、地块规模减小和养殖场密度增大而降低。在经济转型过程中，农地需求增加推动农地租金提高，导致农地价格波动（Piotr et al.，2019）。

1.3.2.3　农地流转市场参与和流转规模研究

现有研究聚焦农地流转市场参与和流转规模的影响因素，以新制度经济学和新古典经济学为指导，分析农地流转市场参与和流转规模的影响因素，其中交易费用和产权风险对农地流转市场参与和流转规模的影响受到广泛关注。

围绕农地流转市场参与和流转规模的影响因素，现有研究基于农村"推力"因素和城市"拉力"因素，构建农地流转市场参与和流转规模影响因素的分析框架。其中，农村"推力"因素主要包括交易费用和产权风险等制度性"推力"因素以及农户异质性和宏观环境等非制度性"推力"因素；而城市"拉力"因素主要包括非农就业水平和社会保障等。本研究主要关注农村制度性"推力"因素的影响。理论上，农户是否参与农地流转市场和农地流转规模取决于对农地流转边际收益与流转租金和交易成本之和的权衡比较（冒佩华等，2015）。可见，农地流转市场的交易费用造成农地交易双方非对称性，形成农业生产能力界限，处于农业生产能力界限内的农户通常不参与农地流转，抑制农地租赁市场培育（冒佩华等，2015；Deininger et al.，2008）。在将交易费用细分为交易对象搜寻成本、谈判成本和监督或执行成本后，侯建昀等（2016）分析专业化苹果种植户农地流转规模影响因素时发现，农地流转交易费用越高越不利于促进农地流转规模，抑制农地流转市场培育。在当前农地流转市场普遍缺乏中介机构的情境中，土地股份合作社和土地银行有助于节约交易费用，从而促进土地流转。实践中，土地股份合作社由合作社全权代理农地经营权流转，农地承包户不必直接参与合同谈判，降低搜寻农地流转交易对象的成本，以及契约签订和执行监督的成本（包宗顺等，2015）。土地银行是由承包经营主体存入承包地，收取存地费，规整土地后再贷给土地需求者，收取贷地费，以存贷利差赚取利润的机构，比如山东诸城的"土地信托中心"、宁夏平罗的"土地信用合作社"和四川彭州的"农业资源经营专业合作社"等（邵传林等，2009；阮小莉等，2014）。

从农地产权风险角度，农地产权稳定性对农地流转的影响路径主要有两条：一是较低的农地产权风险会激发农业生产性投资积极性，提高土地内在价值，有助于推动生产可能性边界和生产收益曲线外移，从而增强流转土地的意愿；二是较低的农地产权风险有助于降低参与农地流转市场的交易成本，促进农地流转市场的培育（程令国等，2016；马贤磊等，2015）。实践中，农业经营者行为能力受约束及法律法规设计的歧视性造成农地产权模糊，损害产权稳定性预期，抑制农地租赁市场培育（罗必良，2011）。马贤磊等（2015）研究中国农地产权稳定性对农地转入的影响后提出，农地产权稳定不仅有利于提高农地内在价值，还有利于降低参与农地租赁市场的交易成本，进而促进农地流转。类似地，胡新艳等（2019）分析法律、事实和认知等维度的农地产权稳定性对农地流转的影响发现，法律和认知等维度的农地产权稳定性有助于促进农地流转市场参与。为此，中央政府开始实施以明晰农地权属关系结构为主要目标的农地确权改革。产权经济学认为，农地确权颁证是产权明晰的法律保障，有利于提高农地产权强度，从而促进农地流转（胡新艳等，2016；Zhang et al.，2019）。程令国等（2016）实证分析发现，农地确权颁证有助于培育农地租赁市场，相较于未确权地区，确权地区土地流转发生率上升约一倍。然而，行为经济学认为，不同类型资产承载的主观含义不同，农地凝聚着经营者主观情感评价（胡新艳等，2016）。实践中，农地流转既是生产要素流动问题，又是成本和收益权衡问题，还是农民社会心理问题（罗必良，2016）。基于此，在社会保障体系尚不健全的情境中，控制权偏好和禀赋效应限制了农地确权改革的政策效果，并且确权法律化、赋权身份化以及持有长久化将进一步增强农地禀赋效应，从而抑制土地流转（罗必良，2016）。因此，农地确权颁证是否能助力土地流转需进一步实证检验。

1.3.2.4 农地流转期限选择与决策研究

现有研究聚焦农地租赁契约期限选择及期限短期化问题，以新制度经济学和新古典经济学为指导，分析农地流转期限选择的影响因素。其中，交易费用对农地流转期限选择的影响受到广泛关注。

围绕农地租赁契约期限选择的影响因素，现有研究构建农地流转期限选择的分析框架。理论上，最优契约依赖于刚性权利保护预期与事后效率改善的权衡比较，这主要是因为精细契约有助于规避机会主义行为，但不利于提高事后灵活性，而粗糙契约有助于提高事后灵活性，但难以有效防范当事人的投机行为（Hart et al.，2008；Hart et al.，2009）。现有研究认为，农地租赁契约期限长短及其行为预期显著影响契约实施效率及其稳定性，而租赁契约期限选择依赖于交易当事人的承诺能力、行为能力和谈判能力，以及交易当事人行为考核的难易程度（邹宝玲等，2016a；罗必良等，2017）。不完全契约理论认为，如果一方当事人进行事前专用性投资，而事后面临被其他交易者"敲竹杠"的风险，则资产专用性越强越要求长期的交易持续性（罗必良等，2014）。大量经验研究发现，关系专用性投资越大，租赁契约期限越长（Masten et al.，1985），这可能是因为资产专用性导致的"锁定"效应。为规避可能的机会主义行为，农户通常选择租赁农地，且更愿意将农地用于耕种一年生作物，而非多年生作物（Klein et al.，1978）。

现有研究重点关注交易费用对农地租赁契约期限选择的影响。基于威廉姆森范式，邹宝玲等（2016b）从资产专用性、不确定性和交易频率等三个维度分析交易成本对契约期限选择的影响时发现，农地专用性投资、农地潜在价值的发现能力、对农业经营者的了解程度、契约谈判能力及选择空间显著影响租赁契约期限的选择。进一步地，钟文晶等（2014）把资产专用性细分为场地资产专用性、物质资产专用性、人力资本专用性和社会资本专用性，分析资产专用性对租赁契约期限的影响时发现，场地资产专用性以及农业生产性资产价值越高越不利于形成长期租赁契约，而平均务农期限越长及社会资本专用性越强越有利于形成长期租赁契约。

还有研究关注风险和收益对农地租赁契约期限选择的影响。从新古典经济学及转出户风险、收益的角度，徐珍源等（2010）认为现阶段城市劳动力市场不完全导致非农就业不稳定，在农村社会保障体系尚不健全的情境中，转出户参与农地租赁市场时不仅要考虑经济因素，还要考虑社会保障因素；实证结果表明，农地质量较好、户主年龄较大和土地经营规模较大有利于签订短期租赁契约，而平均流转租金提高、户主受教育年限增加和拥有养老或失业保险有利于签订长期租赁契约。基于新制度经济学，在农地交易双方信息不对称的情境中，交易双方事前难以准确预期对方未来的机会主义行为，事后监督农业生产经营行为的成本较高，从而导致流转期限实际发挥调节风险的作用。经验研究发现，农地租赁契约规定违约惩罚条款有利于形成长期租赁契约，且农地流转契约完全性越高，越有助于降低当事人的风险预期，从而延长农地流转期限（邹宝玲等，2016a）。Cheng et al.（2019）研究农地确权改革与农地流转期限的关系时发现，农地确权颁证明晰有助于农地产权边界，强化农地产权执行，改善产权安全性预期，从而有助于延长农地流转期限。

在经验研究中，许多文献对长期契约和短期契约的定义并不相同。Bandiera（1999）认为，短期契约是代理人完成种植任务、获得相应报酬的一个时期，而长期契约强调超过一个时期的连续多个时期。钟文晶等（2014）认为期限超过 1 年的流转契约为长期契约，而不足 1 年的流转契约为短期契约。邹宝玲等（2016a，2016b）通过选择调研样本年限的中位数，把期限超过 4 年的流转契约称为长期契约，而不足 4 年的流转契约称为短期契约。徐珍源等（2010）将农户保留转出土地下一年选择权的流转契约称为短期契约，而将农户不保留转出土地下一年选择权的流转契约称为长期契约。罗必良等（2017）比较当期租约的期限和下期租约的意愿期限，把意愿期限延长的契约视为契约长期化，意愿期限缩短的契约视为契约短期化，而期限不确定的契约视为不稳定契约。

1.3.3 农地租赁契约效果研究

围绕提高农户福利水平、促进农业可持续发展的主题，学者们广泛关注农地租赁市场交易数量和交易质量对农户福利的影响机制。从农地租赁市场交易数量角度，现有研究详细讨论农地流转市场参与和流转规模对农业生产效率、生态效率和农户家庭收入的影响机制；从农地租赁市场交易质量角度，现有研究详细讨论农地租赁契约对农业生产性投资、农业生产效率及农户家庭收入和消费的影响机制。本研究把农地租赁契约效果界定为农业生产性投资、生产效率和农户家庭收入，这是因为农地租赁契约的稳定性和持续性直接决定农业生产性投资意愿，进而影响生产效率和农户家庭收入。因此，本研究围绕农业生产性投资、生产效率和农户家庭收入等方面梳理和评价相关研究成果。

1.3.3.1　农地租赁契约对农业生产性投资的影响

现有研究聚焦农业生产性投资的影响因素，其中农地产权风险对农业生产性投资的影响受到广泛关注。值得注意的是，农地产权风险包括产权界定和产权执行两个层面，产权界定层面的农地产权风险主要是指农地产权制度对产权界定的清晰程度，而产权执行层面的农地产权风险主要是指农地租赁契约稳定性和持续性（罗必良，2019）。理论上，清晰的产权界定有助于降低单个农户参与农地流转的产权执行成本，而良好的产权执行有助于降低产权界定模糊导致的产权风险，改善地权稳定性。主要的解释是：一方面，清晰的产权界定有助于提高法律及相关政策条款落实的有效性，降低农地交易者机会主义行为发生率，从而降低农地产权风险预期；另一方面，在农地产权制度不完善的情境中，如果农地租赁契约具有完全性，交易双方在事前约定各自的权利、责任和义务，有助于减少当事双方事后的机会主义行为发生率，从而降低农地产权风险预期。

从产权界定层面，农地产权模糊导致农地产权风险较高，不利于激励农业生产性投资。Abdulai et al.（2011）以加纳为案例研究产权稳定性与土地质量改善行为的关系时发现，产权稳定性显著影响农户是否实施土地质量改善行为。在中国农村的情境中，俞海等（2003）通过构建土壤肥力变化模型研究产权稳定性对土壤肥力的影响后发现，在农地交易权不完整的情境中，农户参与农地租赁市场并未影响化肥等短期生产要素投入，但对土壤长期肥力有明显的负外部性，不利于保持土壤长期肥力。类似地，郜亮亮等（2011）通过区分自家地和转入地研究农地使用权稳定性对农业长期投资的影响后发现，与自家地相比，转入地有机肥使用概率和用量均偏低，反映使用权不稳定将抑制农业长期投资，且上述差异随使用权稳定性增强而减弱。从农地使用权稳定性主观认知的角度，郜亮亮等（2013）把农户使用权预期分为"好"和"不好"等两种类型后发现，在其他条件不变的情境中，农地使用权预期越稳定越有利于促进农户施用有机肥，使用概率提高 7 个百分点，施用量每公顷提高 1 吨以上。

为此，中央政府实施以农地确权颁证为主要特征的农地产权制度改革。值得注意的是，农地确权改革对农业生产性投资的影响机制主要有三种。一是农地确权颁证有助于明晰农地权属关系结构，降低产权风险预期，从而激励施用有机肥等农业长期投资（应瑞瑶等，2018）。黄季焜等（2012）研究农地确权颁证对农业长期投资的影响后发现，拥有农地承包合同和承包经营权证书显著提高了农业长期投资意愿。二是清晰界定和有法律保障的农地产权有助于培育农地租赁市场，增强农地未来可交易性，提高及时收回生产性投资收益可得性预期，从而激励生产性投资（林文声等，2017）。Carter et al.（2004）通过构建土地再分配和非农就业的两期模型，分析农地产权可转让性对农业生产性投资的影响时发现，不自由的农地产权转让阻碍了外出务工农户利用农地租赁市场获得农业生产性投资的回报，从而造成农业投资后悔效应，反过来抑制农业生产性投资。三是农地确权颁证提供了一种低成本识别正式产权的方法，有助于降低正规金融机构的识别成本和监督成本，改善农地作为抵押品的价值，从而缓解单个小农户面临的流动性约束，最终促进生产性投资（Deininger et al.，2003）。2015 年中央 1 号文件明确了"三权"分置情境中农地经营权抵押贷款的可操作性（曹瓅等，2015），而农地确权颁证是农地"三权"分置的法律保障，也是农地经营权抵押贷款的前提条件（吴一恒等，2018）。李星光等（2019）研究发现，农地确权颁证并未显著改善借贷可得性，因此农地确权颁证对生产性投资的影响效果并不显著。

从产权执行层面，规范化的农地租赁契约有助于稳定农地产权风险预期，提高农业生产性投资剩余索取权安全性预期，从而激励农业生产性投资。Bandiera（2000）认为，契约期限和流转租金形式决定佃户未来从事农业生产的收益，从而激励农户投入不可观察的努力。Jacoby et al.（2008）在解决地块选择的内生性问题后指出，无论采用固定租金契约还是分成契约，租赁地有机肥的施用量均低于自有地，且相较于固定租金契约，分成契约的有机肥施用量更高。类似地，Kousar et al.（2015）研究不同契约类型对生产性投资的影响后发现，相较于分成契约，固定租金契约激励农户施用更多化肥和更少有机肥，可能是因为在大多数案例中，固定租金契约的租赁期限短于分成契约，从而造成农户行为短期化，农户更关注短期收益。在中国农村情境的研究中，田传浩等（2013）研究村庄土地调整、契约期限与农业生产性投资的关系后提出，村庄土地调整过于频繁，损害产权稳定性，不利于交易双方签订正式契约，且流转期限呈短期化特征，最终不利于激励亩均投资。熟人社会内部普遍存在的关联博弈机制、重复博弈机制和担保机制影响产权稳定性。郜亮亮等（2011）把转入农地分为从亲属转入和从非亲属转入等两种类型，研究在不同类型转入农地上农业长期投资的差异，结果发现，与从非亲属转入的农地相比，在从亲属转入的农地上农户施用化肥的概率更高，用量更多。然而，农地产权稳定性是否影响农业生产性投资取决于生产性投资的类型。许庆等（2005）把农业长期投资细分为与特定地块相连的投资和不与特定地块相连的投资后发现，产权稳定性仅影响少数与特定地块相连的投资，但实际效果并不显著，而其他因素如农产品价格、生产要素价格和非农就业机会等是影响农业生产性投资的重要原因。类似地，钟甫宁等（2009）研究发现，在农业经营规模偏小和经营收益偏低的情境中，农地产权稳定性并未显著影响农业生产性投资。

此外，现有研究发现，农户参与农地流转有助于扩大农地经营规模，摊薄水土保持措施和土地质量改善措施等农业长期投资的成本，从而促进农业可持续发展（李星光等，2019；贾蕊等，2018）。张露等（2020）研究发现，以产量最大化为目标的农业经营者扩大农地经营规模对化肥减量呈"倒 U"型影响，而以多元化经营为目标的农业经营者扩大农地经营规模有助于促进化肥减量，最终减少农业面源污染。

1.3.3.2　农地租赁契约对农业生产效率的影响

现有研究聚焦农业生产效率的测量方法、农地规模与农业生产效率的关系以及农业生产效率的影响因素，其中农地产权制度及农地产权风险对农业生产效率的影响受到广泛关注。

围绕农业生产效率的测量方法，现有研究认为，农业生产效率是一个多维度整体性概念，主要包括技术效率、配置效率、土地生产率、劳动生产率、成本利润率和全要素生产率等（李谷成等，2009）。其中，技术效率是给定技术和投入条件下最大化产出的能力，配置效率是要素配置的合理程度，即单位投入的边际产品价值比等于市场价格比，而配置效率和技术效率的乘积是综合技术效率，反映总体效率（De Koeijer et al.，1999）。土地生产率是农业生产总产值与投入土地面积之比，劳动生产率是指农业生产总值与投入劳动力数量之比，而成本利润率是利润总额与成本总额之比（李首涵等，2015）。全要素生产率是要素投入无法解释经济增长的部分（李谷成等，2009）。

更为重要的是，前沿函数模型是生产效率测算的主要模型，包括参数模型和非参数模型（Farrell，1957）。其中，参数模型分为确定型和随机型，确定型前沿参数模型假设无效率引起偏离前沿面，而随机型前沿参数模型允许存在数据噪声；因此，前者的问题主要在于测量误差或因变量的随机变异影响估计结果、引发对异常值的敏感性，后者的问题主要在于误差项处理的敏感性问题（Greene，2008）。然而，非参数模型利用样本数据构造前沿面，把无效率生产单位与生产前沿面对比，不要求构建具体函数形式，但缺点在于忽略随机误差和易受异常值干扰等（Reig-Martinez et al.，2004）。

围绕农地规模与农业生产效率的关系，现有研究认为，农地规模和农业生产效率可能存在负向关系、正向关系、U 型关系和无关系等四种类型（Place，2009；Wang et al.，2015）。农地规模与农业生产效率的负向关系，表明鼓励将农地配置给小农户有利于提高农业生产效率。然而，实证结果表明，这种负向关系通常发生在发展中国家，可能是因为要素市场不完全（Place，2009）、遗漏土地质量变量（Benjamin，1995）和经营规模测量误差等（Wang et al.，2015）。随着现代农业生产要素特别是劳动节约型机械的采用，农地规模和生产效率的负向关系减弱，这一结论在经济发达国家（如日本、澳大利亚等）得以验证（Kawasaki，2010；Sheng et al.，2019）。Foster et al.（2017）研究发现，农地规模与农业生产效率呈 U 型关系，这是因为小规模农户能有效利用劳动力要素，而大规模农户能有效利用资本要素，从而获得农业生产的规模经济效应。

围绕农业生产效率的影响因素，现有研究聚焦市场参与、交易成本和农地产权风险对农业生产效率的影响。从市场参与角度，农户参与农地租赁市场对农业生产效率的影响路径主要有两条。一是利用市场机制将农地要素配置给农业经营效率更高的农户，从而提高农业整体生产效率（冒佩华等，

2015)。在农地租赁市场具有有效性的情境中，农地自由流转有利于农地边际产出较高的农户获得农地要素，而边际产出递减规律导致市场交易双方的边际产出趋于相等（姚洋，2000）。二是农地流转实现农地集中连片，减少农地细碎化程度，方便机械化作业，从而提高农业生产效率，获得农业规模经济效应（Wu et al.，2005）。农户参与农地租赁市场实现农地有效整合，有助于调节地块结构，改善灌溉条件和农田道路系统（Wu et al.，2005），但中国农地租赁市场发育不完善难以有效发挥规模经济效应。经验研究发现，在农户大规模转移及永久性移民无法有效实现的情境中，由于现阶段地块不匹配和交易链条过长，农地市场化流转并未显著减轻农地细碎化程度（钟甫宁等，2010）。

从交易成本角度，在要素市场具有有效性和信息对称的情境中，所有农户依据自身农业生产能力经营最优规模的土地，此时整体农业生产效率最高，但现实中交易成本过高不利于培育土地、资本和劳动力等要素市场，会抑制农业生产效率的提升，从而阻碍帕累托最优状态的实现（朱喜等，2011）。其一，农地租赁市场的交易成本过高导致农地交易者非对称性，形成农业生产能力界限，处于生产能力界限内的农户通常难以参与农地租赁市场，从而不利于提高农业生产效率（冒佩华等，2015；Deininger et al.，2008）。其二，资本市场交易成本过高导致道德风险和逆向选择问题，小农户被排斥在正规金融市场之外，造成农户偏好短期贷款但是借贷利率过高，则资本有限可得性和高借贷成本限制小农户生产效率的提高（Deininger et al.，2001）。其三，有效的城市劳动力市场有利于培育农地租赁市场（Yao，2000），而农村劳动力市场不完全，特别是雇工无法完美替代自有劳动力，不利于提高农业生产效率（Holden，2007）。

从农地产权风险角度，稳定的农地产权对农业生产效率的影响主要存在两条路径。一是稳定的农地产权有助于降低农户产权风险预期，激励农业长期生产性投资，从而提高农业生产效率。Lunduka（2009）以乌拉圭为例研究发现，在习惯法中，农地产权处于母系社会或父系社会原则、标准或实践的控制下，这些规则一般遵循人类学家所宣称的"家族体系"，但行政权力干预或婚丧嫁娶造成的农地产权不稳定，抑制了农户长期投资激励，特别是在土壤保护和施用有机肥等方面（Deininger et al.，2007；郜亮亮，2011），从而降低农业生产效率。然而，Feng（2008）分析江西省玉米种植户租赁地和自有地技术效率的差异后指出，自有地和租赁地的技术效率并不存在显著差异，这可能是因为追求收益最大化的农户在租赁地上投入更多可变要素，从而改善租赁地的技术效率。类似地，金松青等（2004）研究发现，稳定的农地产权有助于激励农户从事生产性投资，但农产品价格偏低促成的生产性投资收益提高幅度并不显著。此外，如果农户平等地关心社区内部所有成员的利益，生产投资激励不会因为社区收回土地、后代无法继承而减弱，如果社区所有成员分享收益，社区层面投资是有效率的，有助于消除生产性投资的负外部性（如土壤退化）（Besley，1995）。

二是稳定的农地产权有助于改善资本、劳动力和土地等要素可得性，从而提高农业生产效率。对资本要素而言，稳定的农地产权有助于降低土地成为抵押品的成本，缓解借贷市场信息不对称，改善借贷可得性，从而提高农业生产效率。产权明晰是农地成为抵押品的必要前提，而农地确权登记提供了一种低成本识别正式农地产权的方法，有效节约债权人的监督成本，从而有利于农地要素资本化，增加资本要素投入（Deininger et al.，2011）。然而，发展中国家的经验证据表明，农地确权颁证并不必然改善信贷可得性，可能是因为农村正式借贷市场发育不完善（Galiani et al.，2010）或农业经营收益偏低导致土地抵押价值较低（钟甫宁等，2009）。对劳动力要素而言，稳定的农地产权有助于促进农业劳动力非农就业，改善家庭劳动力要素配置效率，从而促进农业生产效率（De Janvry et al.，2015）。有研究发现，村庄土地周期性调整导致农地产权不稳定，增强农户产权风险预期，不利于促进农业劳动力非农转移，降低农户家庭收入水平（De La Rupelle et al.，2010；钟甫宁等，2009）。相反地，农地确权颁证有助于降低农村劳动力非农就业机会成本，提高非农就业稳定性，促进劳动力非农转移（韩家彬等，2019）。然而，农村劳动力非农转移可以改变作物种植结构，有助于改善农地产权稳定性，而家庭收入结构非农化有助于减弱农地产权稳定性对劳动力非农转移的影响（仇童伟等，2017）。

对土地要素而言，稳定的农地产权有助于降低参与农地租赁市场的交易成本，激励农户参与农地租赁市场，提高农地流转规模，从而提升农业生产效率（金松青等，2004）。清晰界定和有法律保障的农地产权制度安排有利于降低参与农地流转的交易成本，也是培育农地租赁市场的前提条件（程令国等，2016）。更重要的是，林文声等（2018）研究农地确权改革与农业生产效率的关系发现，农地确权颁证有助于改善土地、资本和劳动力等要素配置效率，从而提高农业生产效率。类似地，宁静等（2018）认为，农地确权颁证通过促进土地流转、改善家庭内部分工和缓解信贷约束等方式提高农业生产效率。然而，部分研究发现，农地确权颁证并未显著提高农业生产效率，这可能是由禀赋效应和控制权偏好（罗必良等，2012）、农户对农地产权政策不信任（Deininger et al.，2006）、政府缺乏执行政策的能力（Smith，2004）和农村借贷市场不完善甚至缺失（Jacoby et al.，2002）等造成的。

1.3.3.3 农地租赁契约对农户家庭收入的影响

现有研究聚焦农户家庭收入的影响因素，相关研究成果围绕农地租赁市场对农户家庭收入的影响形成两条主线。还应指出的是，农户家庭收入主要包括农业经营性收入、非农工资性收入、财产性收入和转移性收入。但现阶段农户家庭收入增长更多地依靠非农工资性收入和转移性收入的增长，而农业经营性收入和财产性收入增长缓慢，从而抑制农户家庭收入的长期持续增长（冒佩华等，2015）。

主线之一是围绕农地租赁市场参与及流转规模对农户家庭收入的影响展开研究。其一，农地流转扩大农地经营规模，降低农地细碎化程度，有助于提高农业机械化水平，从而减少单位产品生产成本，在其他条件保持不变时，成本降低实质上等同于农业经营收益提高（许庆等，2011）。冒佩华等（2015）研究发现，农地流转扩大农地经营规模，有助于获得农业规模经济效应，从而显著提高农户家庭收入，与转入户相比，转出户家庭收入增长幅度更大。然而，农地细碎化有利于提高农作物种类多样性，而不同农作物生物学特性差异造成劳动投入时间不一致，有利于提高劳动力要素的利用效率，从而分散农业经营风险，增加农户家庭收入（李功奎等，2006）。

其二，农地流转市场参与改善要素配置效率，从而提高农户家庭收入。农业生产效率相对较高的农户具有农业生产比较优势，倾向于投入更多农业生产要素以增加农业经营收入；而农业生产效率相对较低的农户倾向于从事非农就业，获取非农工资性收入，从而提高家庭整体收入水平（冒佩华等，

2015），转出土地可以获取地租等财产性收入（游和远等，2013），最终获得市场交易收益和分工经济收益。夏玉莲等（2017）分析农地流转与农户减贫的关系发现，农地流转有助于改善土地利用效率和资源配置效率，从而提高贫困户家庭收入。类似地，匡远配等（2018）发现，农地流转可以提高农户家庭收入，降低贫困发生率。然而，在农村社会保障体系不完善的情境中，农地不仅发挥生产要素的作用，还兼具社会保障的功能，现阶段以"土地—家庭"为主要特征的社会保障模式，导致农地成为农户规避风险的最后屏障（张雪靓等，2013）。闫小欢等（2013）研究发现，农地社会保障功能增加农业劳动力转移的机会成本，进而影响农地流转市场参与，特别是外出务工机会受损时，农地发挥了"就业缓冲器"的作用。

主线之二是围绕农地产权风险对农户家庭收入的影响展开研究。农地产权制度不完善导致农地产权风险较高，不利于培育农地租赁市场，抑制农业生产性投资，从而降低农业生产收入（Zhang et al.，2019；Cheng et al.，2019；Gao et al.，2012）。为建立完备的农地产权制度，中央政府开始实施以农地确权颁证为主要措施的农地产权制度改革，有助于降低农地产权风险预期，培育农地租赁市场，改善土地要素配置效率，激励生产性投资，提高农户收入水平（冒佩华等，2015；游和远等，2013）。李星光等（2019）研究发现，新一轮农地确权颁证有助于扩大农地经营规模，激励农业生产性投资，从而提高农业经营收入。在"三权"分置的情境中，农户获得正式土地产权有助于利用土地经营权作为抵押品申请贷款，缓解流动性约束，从而促进生产性投资，提高农业经营收入（林文声等，2018）。宁静等（2018）研究发现，农地确权颁证放宽了对贫困户信贷约束，从而提高农户家庭收入。还应指出的是，农地流转提高农户家庭收入，导致不同农户间收入水平不平等。理论上，家庭禀赋总量、资源利用强度和收益决定农户家庭收入水平，而劳动力转移有助于增加实际人均耕地资源，最终提高农户家庭收入（韩菡等，2011）。然而，农地市场化配置程度越高，农地使用权可能越集中，从而增加土地产出，扩大不同农户间的收入差距（田传浩等，2003）。

在农地产权制度不完善的情境中，农地租赁契约稳定性和持续性越高越有助于降低农地产权风险预期，激励生产性投资，从而提高农业生产收入。李星光等（2019）研究发现，农地租赁期限延长以及农地流转得到村集体经济组织批准或备案显著促进农地长期投资。类似地，Kousar et al.（2015）研究发现，农地租赁期限越长越有助于激励农户从事长期化的生产行为。然而，仇焕广等（2017）研究发现，签订书面合同和租赁期限越长越有助于改善土地生产率，但效果并不显著。可见，农地租赁契约稳定性和持续性对农户家庭收入的影响是依赖具体情境的，尚需经验证据的检验。

1.3.4 文献评价

综合现有文献可以发现，国内外学术界对农地租赁契约形成机制及契约效果的研究主要有以下两个特点：

（1）学者们广泛关注如何提高农地租赁市场交易数量和交易质量，并以古典经济学、新古典经济学及新制度经济学的产权理论、交易费用理论为指导，聚焦农地租赁契约形式选择、流转租金、流转规模和流转期限的影响因素。从契约形式选择角度，现有文献重点关注交易成本等流转契约成本和熟人社会共同体内部非正式规则对契约形式选择的影响；从流转租金和流转规模角度，现有研究强调产权风险及交易成本对农地流转租金和流转规模的影响；从流转期限角度，现有文献聚焦交易成本、风险和收益对农地流转期限的影响。这类研究为本研究从理论上分析农地租赁契约形成机制提供了借鉴：农地产权风险决定农地租赁契约形成的交易成本，进而影响农地租赁契约选择。

（2）学者们广泛关注农地租赁市场交易数量和交易质量对生产性投资、农业生产效率和农户家庭收入的影响，并主要围绕市场参与、交易费用和农地产权等方面展开。从生产性投资角度，农地产权风险对生产性投资特别是长期投资的影响受到普遍重视；从农业生产效率角度，现有文献关注农业生产效率的测量方法、农地规模与农业生产效率的关系及农业生产效率的影响因素；从农户家庭收入角度，现有文献强调农地租赁市场参与、交易费用和农地产权风险的作用。这类研究为本研究从理论上分析农地租赁契约效果提供了借鉴：农地产权风险通常影响生产性投资剩余索取权安全性预期，决定农业生产性投资、生产效率和农户家庭收入。

已有研究详细讨论了农地租赁契约形成机制及契约效果的影响因素，形成了值得借鉴的重要成果。但是，关于农地租赁契约形成机制，农地租赁契约与农业生产性投资、农业生产效率和农户家庭收入的关系机理的研究尚有待改进和完善，主要表现在以下两方面：

（1）农地租赁契约形成机制的理论体系尚不完善，大多忽视了农地产权风险的情境及农地租赁契约形式和违约惩罚条款的作用，并未充分考虑正式产权制度改革和非正式规则对农地租赁契约选择的影响。在农地产权制度不完善的情境中，产权风险是农地租赁契约形成过程中最重要、最典型的特征。更为重要的是，农地产权风险不仅依赖于农地确权颁证等正式产权制度改革的有效性，又依赖于熟人社会共同体内部非正式规则的约束，还依赖于农地租赁契约相关条款的有效性。现有研究缺乏从正式产权制度改革和非正式规则角度分析农地租赁契约形成机制的理论框架，且并未阐释农地租赁契约形式和违约惩罚条款的作用。

（2）理论上关于农地租赁契约对农地长期投资、农业生产效率和农户家庭收入的影响机制研究有待深化和完善，而实证上普通最小二乘法（OLS）等计量经济模型无法解决可能存在的内生性问题，降低研究结论准确度。一方面，农地产权风险主要包括产权界定和产权执行两个层面，其中产权界定层面的风险主要是指农地产权制度对产权界定的清晰程度，而产权执行层面的风险主要是指农地租赁契约的稳定性和持续性。然而，现有研究缺乏基于产权界定层面和产权执行层面分析农地租赁契约对农地长期投资、农业生产效率和农户家庭收入影响的理论框架。另一方面，普通最小二乘法（OLS）等计量模型难以克服遗漏变量、双向因果等内生性问题，可能导致估计偏误。

1.4 研究内容

本研究在归纳总结 1949 年以来农地产权制度演进规律的基础上，以规范分析与实证分析相结合的方法，利用对 762 户专业化苹果种植户的调查数据，研究农地租赁契约形成机制，以及农地租赁契约对农地长期投资、农业生产效率和农户家庭收入的影响机制。具体研究内容设计如下：

（1）农地产权制度的演进逻辑、规律与特征。本部分的研究内容对应本书第 2 章，主要包括：以新制度主义范式和马克思主义范式为理论指导，基于多重委托—代理关系框架，分析中央政府、地方政府、农村集体经济组织、承包经营户和经营户等相关利益主体对要素相对价格变化的反应及彼此间的博弈机理，从而揭示农地产权制度遵循"减少农业资本转移成本—降低农业劳动力监督成本和经济建设用地成本—发挥市场机制决定性作用，促进资本替代劳动力"的演进规律，并解释 1949 年以来农地产权制度演进过程中出现的土地周期性调整，农地租赁契约短期化、非正规化，以及农业生产行为短期化等特征，从而为后续章节提供必要的制度背景。

（2）农地租赁契约形成机制及契约效果理论分析。本部分的研究内容对应本书第 3 章，主要包括：一是以契约经济学为理论基础，构建农地产权制度改革和非正式规则对农地流转租金、流转规模和流转期限影响的理论框架，并形成待检验的研究假说；二是以新古典经济学和新制度经济学为理论基础，构建农地租赁契约对农地长期投资、农业生产效率和农户家庭收入影响的理论框架，并形成待检验的研究假说。

（3）农地租赁契约形成机制及契约效果实证分析。本部分的研究内容对应本书第 4 至 7 章，主要包括：一是利用对 762 户专业化苹果种植户的调查数据及 OLS 模型、双重差分法、Heckman 两阶段模型和工具变量法，实证分析农地确权颁证、担保人参与农地流转和农地交易双方互惠关系对农地流转租金、流转规模和流转期限的影响，从而验证农地租赁契约形成机制的理论假说；二是利用 762 户农户层面和 1 163 个地块层面的调查数据及 OLS 模型、家庭固定效应模型和倾向得分匹配法，实证分析农地租赁契约对农地长期投资的影响机制，从而验证相关理论假说；三是利用 762 户农户层面和 1 163 个地块层面的调查数据及 OLS 模型、家庭固定效应模型、中介效应模型和倾向得分匹配法，实证分析农地租赁契约对农业生产效率和农户家庭收入的影响机制，从而验证相关理论假说。

（4）培育农地租赁市场和促进农业可持续发展对策研究。本部分的研究内容对应本书第 8 章，聚焦政府公共政策在管控农地产权风险、改善农地租赁市场交易质量、提高农户福利、促进农业可持续发展方面的作用，并主要围绕以下两方面展开研究：一是围绕关于农地租赁契约形成机制的研究结论，分析政府管控农地产权风险、改善农业租佃条件的对策建议；二是围绕关于农地租赁契约效果的研究结论，分析改善农地产权风险预期、激励农业长期投资、促进农业可持续发展的对策建议。

1.5 技术路线、研究方法及调研方案

1.5.1 技术路线

本研究按照先整体设计后专题研究的方式，系统梳理1949年以来农地产权制度的演进逻辑规律与特征，为后文理论建模和实证分析提供相关制度背景。在整合国内外相关研究成果和实地调研的基础上，提出相关理论假说，并利用微观调查数据进行验证。具体而言，首先，在农地租赁、农地租赁契约、农地产权风险等关键概念分析的基础上，结合产权经济学、契约经济学、生产经济学、农民经济学和福利经济学等相关理论，提出研究假说。其次，在导师以及专家论证通过后，完善理论分析框架，设计抽样调查方案，完成样本区域的实地调研。最后，结合实地调查问卷，获取研究所需的关键支撑数据，依据规范分析推导出的理论假设设计相关计量经济学模型进行检验，并据此提出相关政策建议。具体的技术路线如图1-1所示。

1.5.2 研究方法

在综合分析的基础上，本研究利用概念分析、规范分析和实证分析等方法。在理论框架部分，主要的研究方法：运用概念分析法，界定农地租赁、农地租赁契约、农地产权风险等关键概念的内涵和外延，为后文分析农地租赁契约形成机制及契约效果奠定理论基础；运用比较静态分析法和动态优化模型，构建农地租赁契约形成机制及契约效果的理论框架，提出相关研究假说。在实证研究部分，主要的研究方法：普通最小二乘法（OLS）、双重差分法、Heckman两阶段模型、家庭固定效应模型、中介效应模型、工具变量法和倾向得分匹配法等。

1.5.3 调研方案

本研究的数据来源于2017年11—12月国家现代苹果产业技术体系产业经济研究室在环渤海湾优势产区和黄土高原优势产区完成的农地流转专题调查。为保证调查样本的代表性，按照分层随机抽样的总体原则，首先确定样

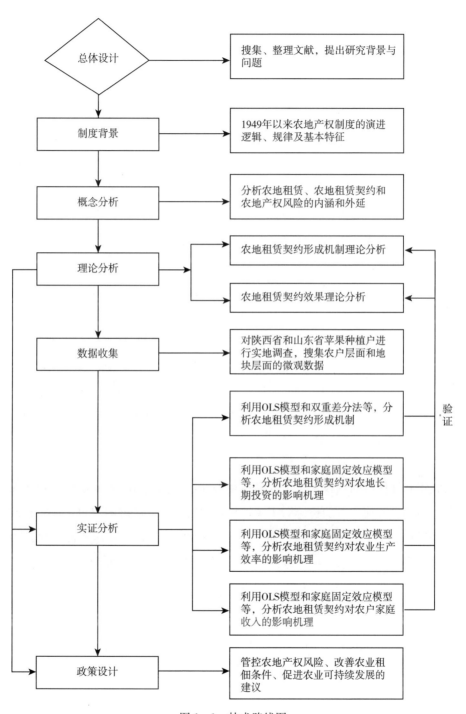

图 1-1　技术路线图

本县的容量，这里样本县容量的计算公式为：

$$n = \left(\frac{u_a v}{1-p_c}\right)^2 \qquad (1-3)$$

在式（1-3）中，本研究选择可靠性为 $\alpha=0.05$，因此，$u_a=1.96$。v 为变异系数，通常取值 0.30 左右，本研究取值为 0.25，而 p_c 为抽样估计精度，通常取值 0.80 左右，本研究取值为 0.80，最终得到 $n=6$，即样本县的容量至少为 6 个。依据概率与规模成比例（PPS）的方法，确定陕西省的凤翔、富县和宝塔区及山东省的沂源、沂水和牟平 6 个样本县，涵盖陕西渭北和陕北南部、泰沂山区及胶东半岛等亚区域。其中，陕西是黄土高原苹果优势产区的代表，山东是环渤海湾苹果优势产区的代表。

随后，确定样本农户容量的计算公式为：

$$N = \frac{z_a p(1-p)}{e^2} \qquad (1-4)$$

在式（1-4）中，本研究选择置信度为 $\alpha=0.01$，因此，$z_a=2.58$。p 为发生概率，本研究取值为 0.5，而 e 为抽样误差，本研究控制在 3% 以内，最终得到 $N=717$，即农户层次样本容量至少为 717 户。农户层次的样本抽样方法是：在样本县的苹果产区（挂果区）随机抽取 6~9 个样本村，每个样本村中随机选取 20 个左右苹果种植户，采用面对面的调查方式，共获得样本农户 771 户，其中有效样本 762 户（表 1-1）。值得注意的是，本次调查收集到地块层面的投入产出数据和相关地块特征。对转入农地的农户，在租赁地和自有地中各随机选取 1 个地块，而对未转入农地的农户，在自有地中随机选取 1 个地块，最后得到 1 163 个有效样本地块。还应指出的是，由于地形和气候等自然条件的限制，64 户转入户并未在自有地种植苹果。

表 1-1　样本数量与区域分布

省份	陕西			山东			合计
样本县	凤翔	富县	宝塔区	沂源	沂水	牟平	
乡镇数（个）	3	3	3	3	3	2	17
村庄数（个）	9	8	9	8	6	6	46
农户数（户）	141	132	132	122	119	116	762

1.6　论文的创新之处

（1）理论分析框架具有创新。本研究在提出农户参与农地流转市场、从事农业生产经营的阶段的基础上，界定农地租赁契约、农地产权风险和农地交易双方互惠关系等关键概念，从正式产权制度改革和非正式规则角度，构建农地租赁契约形成机制的理论框架，并阐释农地租赁契约违约惩罚条款和契约形式的作用。进一步地，把农地产权风险细分为产权界定和产权执行两个层面，从理论上分析农地租赁契约对农地长期投资、农业生产效率和农户家庭收入的影响机制。

（2）实证分析方法更准确。本研究利用双重差分法检验农地确权颁证对农地流转租金、流转规模和流转期限的影响，从而降低模型估计偏误；利用地块层面的微观调查数据和家庭固定效应模型检验农地租赁契约对农地长期投资、农业生产效率和农户家庭收入的影响，从而保证研究结果的准确性。

（3）研究结论得以拓展。本研究基于 762 户专业化苹果种植户和 1 163 个地块层面的微观调查数据及相关计量经济学模型，围绕农地租赁契约形成机制，从正式产权制度改革和非正式规则角度，分析农地流转租金、流转规模和流转期限的形成机制；围绕农地租赁契约效果，分析农地租赁契约对农地长期投资、农业生产效率和农户家庭收入的影响，得到如下具有创新性的结论。

利用相关计量经济学模型分析农地流转租金、流转规模和流转期限的形成机制，得到的创新性结论包括：一是第三方参与农地流转和农地交易双方互惠关系影响流转租金、流转规模和流转期限，且农地确权颁证影响非正式规则与流转租金、流转规模和流转期限的关系；二是第三方参与农地流转和农地交易双方互惠关系影响农地租赁契约形式及违约惩罚条款选择，而农地租赁契约形式及违约惩罚条款影响流转租金、流转规模和流转期限，验证了农地租赁契约形式及违约惩罚条款的中介作用；三是农地租赁契约形式及违约惩罚条款影响非正式规则与农地流转租金、流转规模和流转期限的关系。与现有研究相比，本研究从正式产权制度改革和非正式规则角度分析农地租赁契约形成机制，并验证了契约形式和违约惩罚条款的作用。

　　利用相关计量经济学模型分析农地租赁契约对农地长期投资、农业生产效率和农户家庭收入的影响，得到的创新性结论如下。在农地长期投资方面：一是农地流转租金越高越有助于及时收回农地长期投资的收益，从而激励农地长期投资；二是农地流转期限越长和农地流转得到村集体经济组织批准或备案，有助于降低农地产权风险，从而激励农地长期投资。与现有研究相比，本研究分析了流转租金和农地租赁契约稳定性对农地长期投资的影响机理。在农业生产效率方面：一是农地流转期限延长和农地流转得到村集体经济组织批准或备案有助于稳定农地产权风险预期，激励农业生产性投资，从而提高农业生产效率；二是验证了农业生产性投资是是否租赁地、农地租赁契约稳定性对农业生产效率影响的中介变量。与现有研究相比，本研究分析了农地租赁契约稳定性对农业生产效率的影响机理，并验证了农业生产性投资的中介作用。在农户家庭收入方面：农地交易双方签订书面合同和约定违约惩罚条款有助于激励农业生产性投资，从而提高农业经营收入。与现有研究相比，本研究分析了农地租赁契约稳定性对农户家庭收入的影响机理。

第2章 农地产权制度的演进逻辑、规律与特征

1949年以来，农地产权制度演进过程以固化集体所有权为基础，经历了"两权"合一、"两权"分离、"三权"分置等三个阶段。现有文献主要遵循马克思主义理论、新制度主义范式研究农地产权制度的演进逻辑，但缺乏逻辑一致的可验证的理论框架。本章遵循"减少农业资本转移成本—降低农业劳动力监督成本和经济建设用地成本—发挥市场机制决定性作用，促进资本替代劳动力"的演进逻辑，分析1949年以来农地产权制度的演进过程，阐释中央政府、地方政府、村集体经济组织、承包经营户和经营户等相关利益主体之间的博弈机理，以及中国农地产权制度演进过程中出现的土地周期性调整，农地租赁契约短期化、非正规化和生产行为短期化等现实问题。本章的目的在于提供一个逻辑自洽的可证实或证伪的理论框架，系统梳理1949年以来农地产权制度的演进逻辑、规律与基本特征，从而为第3章至第7章的理论建模与实证分析提供必要的研究背景。

2.1 问题的理解

新中国成立以来，农地产权制度经历了以合作化、集体化为标志的"两权"合一到以包产到户、家庭经营为特征的"两权"分离，并进入以所有权、承包权和经营权分置的阶段，对中国经济社会发展产生了广泛、深远的影响（冀县卿等，2019）。基于"三级所有、队为基础"的农地产权制度，形成合作化、集体化经营制度，赋予农民入社的责任而无退社自由，因此农民丧失农地经营权。集体经营制度导致普遍的搭便车等机会主义行为，阻碍了农业增长及农村经济发展，因而必须变革农地产权制度（罗必良，2019；

冀县卿等，2019）。围绕有效激发农户的农业生产积极性，以联产承包责任制为抓手的农地所有权与承包经营权分离改革取得显著成效、达到预期改革目标（黄少安，2019）。随着中国政府全面推进经济体制改革及构建中国特色社会主义市场经济制度，城市与农村之间的发展环境、产业总体竞争力、居民收入的相对差距持续扩大，进而导致农村土地、劳动力、资本持续非农化；在此背景下，农村土地出现大面积"撂荒"。更为重要的是，均分型的土地承包制度导致了农地细碎化、农业生产成本居高不下等问题。因此，创新农地产权制度，激活农地经营权市场，改进农地产权市场的有效性，提高农地流转效率，营造规模化经营的农业发展环境，成为现阶段农地产权制度改革和农业经营体系完善的必然选择（黄少安，2018）。为此，以包产到户改革为特征构建的家庭联产承包责任制，拉开了新中国农地产权制度改革的序幕。以农地"三权"分置改革为特征，建设现代农业产业体系、生产体系、经营体系，则成为现阶段深化农地产权制度改革的基本方向。可见，系统梳理和总结农地产权制度的演进逻辑、规律和基本特征，审视农地产权制度改革的效果及经验教训，成为学术界关注的重要课题。

制度演化研究主要源自新制度主义范式和马克思主义范式。新制度主义范式[①]坚持个体主义分析方法，强调基于新古典经济学理性选择模型分析制度演化过程，认为制度变迁是代理人对相对价格变化及获利机会预期的理性反应，即当潜在收益高于潜在成本时，理性经济人的需求是推进变革所有权（陈书静，2008）。但理性选择模型无法解释经济变迁史上大量无效率制度存在的原因（卢现祥，2011）。因此，诺思（1994）借鉴新古典经济理论和分析工具，提出以国家、产权和意识形态为基础的制度变迁理论[②]。诺思（2008）还放松理性选择模型的假设前提，构建基于知识和学习理论解释制度演化过程的研究范式。可见，新制度主义范式主要关注制度创新的社会选择机制，制度变迁的连续性和效率标准，短期边际调整绩效，以及路径依赖

---

① 以诺思学派为代表的新制度主义者把交易成本分析、产权分析与制度演进及其经济绩效相融合，发展出新制度主义范式的制度演化理论（陈书静，2008）。

② 诺思认为，产权排他性、可交易性和界定的清晰程度有助于改善经济效率，从而影响农地产权制度演进方向。国家是制度主要供给者、实施者，对制度演进方向起决定性作用。然而，意识形态不仅降低制度演进的交易成本，还造成行为主体并未遵照利益最大化原则，进而导致大量无效率制度的存在。

等问题（陈书静，2008）。

　　马克思主义范式坚持制度演化分析的宏观性和整体性，强调基于所有制和市场经济框架的社会发展的前提和动力在于个体对物质利益的追逐，而社会宏观结构及产权制度安排决定个体的动机与愿望，进而形成独具特色和影响深远的微观主体行为理论（陈书静，2008）。马克思把资本主义经济制度演化的动力机制归结为生产的社会化与生产资料私有制之间的矛盾（马克思，2004）。更为重要的是，马克思同样主张产权、国家和意识形态在制度变迁中的关键作用，并根据生产力决定生产关系、生产关系决定上层建筑的辩证唯物主义原理，解析产权、国家、意识形态与制度演进之间的关系。

　　按照新制度主义范式，成本—收益分析是研究农地产权制度由非均衡状态向均衡状态转化的主要方法。理论上，产权制度效率具有诞生、递增、递减及失效等周期过程。我国农地产权制度演进历程表明，产权制度变迁表现出产权效率周期性往复演进的特征，而且每次调整和修正均要赋予农户更大的选择权或更充分的自主权，以便改善农地制度激励的边际效率（李怀等，2011）。杨富堂（2013）从制度利润视角研究中国农地产权制度变迁时发现，在相对价格或交易成本发生改变的情境中，追求制度利润最大化的生产组织将驱动农地产权制度由低级别向高级别演进。冀县卿等（2019）认为，新中国农地产权制度演进过程以明晰农地权属关系结构和赋予农户产权权利为主线，并从改进制度的边际贡献视角创新农地产权制度安排，进而形成农户农地经营行为、农地市场配置效率与政府规制绩效间的良性互动，表明制度供给与制度环境间经历了持续、动态耦合的过程。因此，新中国农地产权制度演进呈现出农地权利完整化、农地权能完全化特征，其根源在于国家放松对农地产权的结构管制、降低农地租值耗散（李宁等，2016；郭忠兴等，2012）。

　　按照马克思主义范式，产权权能理论、权利细分理论以及权利商品化、市场化配置理论是马克思土地产权理论的重要组成部分（刘敏，2015）。根据马克思主义理论，土地规模化经营是资本主义农业发展的必然结果，并导致大土地所有者、农业资本家对农业雇佣劳动者的剥削与相应的矛盾。因此，马克思主义基本原理主张社会主义农业应以公有制为基础，通过发展农民合作社来组织农业生产，这正是支持中国农地产权制度朝着集体化演进的理论基础（叶敬忠等，2019）。可见，以农地集体所有制为基础的家庭承包经营及"三权"分置改革，也是马克思主义农地产权细分理论在中国的具体实践。值得关注的是，马克思主义原理特别强调国家在农地产权制度演进过程中的重要作用，阐明国家内生的农地产权制度演进模型（刘敏，2015）。理论上，国家推进农地产权制度改革的主要目的是追求国家利益最大化（包括维护国家农业安全、促进经济增长、增加财政收入及提升国际竞争力等）。为此，国家可通过制度创新、移植等方式推进农地产权制度演进，也可通过肯定农地产权制度演进的成果而推进农地制度变迁（洪名勇，2012）。

已有文献分别阐释了农地私有制转向集体所有制、家庭联产承包责任制及"三权"分置改革的背景与原因。巩固社会主义政权、构建农村和谐生产关系及社会关系的目的，以及对公有制效率更高的认知，促使农地私有制转变为集体所有制（许庆等，2019；丰雷等，2019a）。围绕实施赶超战略的发展需要，农业基本经营制度由农业合作化组织升级为人民公社（Luo，2018），但人民公社制度的激励机制和监督机制失灵，致使出现大量非生产性活动，降低了人民公社的经济绩效（何一鸣，2019）。随后，以提高农业劳动生产率、促进农村市场经济发展为主要目标的"两权"分置改革成为农地产权制度改革的主攻方向，家庭联产承包责任制应运而生，实现土地承包经营自由化以及劳动力自由流动，显著促进农业经济增长（洪银兴等，2019）。随着农业市场化改革进展，不断赋予农户土地财产权利、完善土地各项权能成为解决生产投资积极性偏低、农业要素配置效率低下等问题的主要手段（汪险生等，2017；Peter，2014）。

由此可见，1949年以来农地产权制度演进研究的逻辑主要包括两条主线：一是中国特色社会主义农业制度逻辑，即排除私有制和消灭剥削，构建公平的农业制度；二是基于中国特色社会主义市场经济框架的农业制度逻辑，即通过赋权扩能，改进农地产权市场的有效性，提高土地、劳动力、资本及技术等要素的配置效率。基于新制度主义范式和马克思主义范式视角，研究农地产权制度的演进逻辑与规律，形成了值得借鉴的重要成果，但缺乏规范逻辑的可验证的理论框架，从而降低了对现实世界的解释力。

借鉴前人研究成果，本研究融合多重委托—代理关系框架和要素相对价格变化机理，构建关于农地产权制度演进逻辑的理论模型。这样设计主要原因有两点。一是新制度主义范式和马克思主义范式均强调国家在制度变迁中的重要作用，而国家在制度供给方面并非虚拟的主体，是由追求租金收益最大化的统治者及其指定的代理人组成的组织或机构（卢现祥，2011）。林毅夫（2012）认为，"领袖＋多重委托—代理"是理解中国政治体制的钥匙。本研究将建立"中央政府—地方政府—村集体经济组织—农户（包括承包经营户①、经营户）"的理论分析框架。二是 1949 年以来农地产权制度演进表现出诱致性制度创新和强制性制度变迁相结合的模式（卢现祥，2011；丰雷等，2019a，2019b）。

意识形态是新制度主义范式和马克思主义范式分析制度演进动力机制的重要因素，但本研究注重从制度供给逻辑及效率视角分析 1949 年以来农地产权制度演进逻辑和规律，从而构建可验证的逻辑框架。研究表明，基于市场化改革目标和渐进化明晰农地产权导向的改革是家庭联产承包责任制得以实施的关键因素。但思想保守、理念滞后是改革初期影响家庭联产承包责任制改革进展和实施效率的主要障碍，中央对市场调节的重视以及对要素相对价格变化等客观经济规律的尊重则是家庭联产承包责任制得以快速普及的关键原因。

2.2　"两权"合一：减少农业资本转移成本的自愿选择

2.2.1　相关利益主体的博弈：中央政府主导，基层被动接受

新中国成立初期，在严峻的国际环境中如何迅速实现由落后农业国向先进工业国的转变，成为中央政府必须解决的重大战略问题。基于苏联社会主义建设的经验，中央选择了优先发展重工业的赶超战略，但该战略与当时中国劳动力资源丰富而资本、技术要素稀缺的基本国情不符（林毅夫等，1994）。此外，实施赶超战略面临三个关键挑战：一是重工业发展及投资回报周期较长，较长期的资金积累严重影响国民经济均衡发展；二是重工业发展主要依赖技术引进、装备进口，导致我国面临严重的外汇压力；三是构建农产品统购统销制度主要依托农业、农村积累工业发展资金，初始建设资金

---

① 承包经营户是指依据集体成员权身份获得农村集体土地的农户，这些农户既可以自己从事农业生产经营，实现承包权和经营权的合一，又可以把土地流转给其他农户，实现承包权和经营权的分离。

需求巨大，但面临资金来源渠道分散、资金集中成本较高、资本积累不足、主要产品及装备价格持续偏高等突出问题（林毅夫，2012）。可见，发展重工业面临的三大挑战与落后农业之间的矛盾，导致市场的资源配置功能被行政手段取代（林毅夫等，1994；林毅夫，2012）。

2.2.2　集体化、合作化经营的基本特征

中央政府实施人民公社体制的内在驱动力在于低成本转移农业剩余、积累发展重工业的原始资本，从而导致农业基本经营制度过于关注农业资本转移的低成本，忽视激发劳动力生产积极性。与中央政府相比，农户独立谈判地位较低（周其仁，1995），尽管并未出现大规模有组织的反抗，但这并不意味着农户完全接受人民公社体制。实践中，农户通过减少投入劳动力的数量和降低质量、增加集体生产监督成本等方式表达对人民公社体制的不满；同时，由于缺乏剩余索取权、政治晋升等激励机制，社队基层干部监督共同生产的积极性不高，最终造成全国范围内普遍出现偷懒、"磨洋工"、"搭便车"等机会主义行为，极大降低了农产品产量，严重威胁国家粮食安全（周其仁，1995）。统计显示，1958—1977年人均粮食、棉花和油料产量呈负增长，年均增长率分别为－0.03%、－1.68%以及－2.78%（冀县卿等，2019）。"两权"合一的理论框架如图2-1所示。

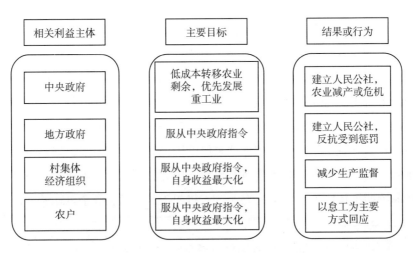

图 2-1　"两权"合一的理论框架

2.3 "两权"分离：降低劳动力监督成本和用地成本的重要抉择

2.3.1 相关利益主体的博弈：基层自发创新，政府被动接受

中央政府通过管地、管人和管粮等方式建立人民公社（罗必良，2019），而农户不仅以怠工为主要方式予以回应，提高农业剩余转移的机会成本，还多次尝试包产到户的可能性，最终致使政府认可"两权"分离的家庭承包责任制。1956—1957 年浙江永嘉县农民开始实施包产到户，这一做法得到地方政府支持，但很快被批为"单干""倒退"（丰雷等，2019a）。此后，在四川江津、广西环江、河南新乡和安徽太湖等地区相继出现包产到户，或包工、包产到户，但均被中央政府叫停（杜润生，2008）。这可能是因为少数领导人意识到尊重客观经济规律的重要性，但远未形成广泛共识。转机发生在 20 世纪 70 年代末期，安徽省小岗村 18 户村民签订"大包干"契约，要求自负盈亏（丰雷等，2019a）。与之前包产到户不同，这次尝试不仅获得地方政府的支持，也得到了中央政府的支持。

围绕有效激发农业生产积极性，土地承包经营权的期限和权能不断延长和完善（黄少安，2019）。一方面，承包经营权期限不断延长，1982 年中央 1 号文件肯定了家庭联产承包责任制的合法性，1984 年中央 1 号文件明确规定土地承包期一般应在 15 年以上，1993 年中共中央、国务院发布的《关于当前农业和农村经济发展的若干政策措施》提出第一轮土地承包到期后延长 30 年，2017 年党的十九大报告再次提出承包期限延长 30 年；另一方面，承包经营权权能（占有权、使用权、收益权和处分权）由少到多不断增进，占有权获得途径趋于多样，使用权自主程度趋于充分，收益权趋于彻底，处分权趋于自由（郭忠兴等，2012）。

家庭承包经营离不开地方政府支持，地方政府成为产权制度创新的中介环节。1980 年中央提出以强化地方政府自主权为主要内容的政治体制改革，主张把中央政府部分权力下放地方政府，推行放权让利和财政分权改革。这次改革不仅激发了地方政府主观能动性，还推动形成了地方政府独立的行为模式和目标（杨瑞龙，1998；丰雷等，2019a）。地方政府是实施生产责任制

关键突破口的原因在于，地方政府既要满足非均衡条件下农户自发追求收益最大化的要求，又要实现制度创新。而放权让利和财政分权改革赋予地方政府资源配置权，在追求经济增长、政治晋升和租金最大化等目标的驱动下，地方政府成为沟通制度供给者和需求者的中介，推动农地产权制度演进（杨瑞龙，1998；卢现祥，2011）。

2.3.2 家庭联产承包责任制的基本特征

"两权"分离的家庭联产承包责任制强调村集体经济组织拥有所有权，农户拥有承包经营权，因此，村集体经济组织及其领导者掌握重新分配土地的权力。在要素相对价格或稀缺程度改变导致重新调整土地的机会成本下降而租金收益提高的情境中，追求租金收益最大化的村集体经济组织及其领导者有动力重新调整土地（Brandt et al.，2004；丰雷等，2013）。土地周期性调整反映农地产权风险较高，不利于激励农业中长期投资（Brandt et al.，2004）。农地政策目标在于稳定农地产权风险预期。1986 年《中华人民共和国土地管理法》提出保护承包经营权，同年《中华人民共和国民法通则》细化了相关内容，2002 年《中华人民共和国农村土地承包法》（以下简称《农村土地承包法》）要求承包期内发包方不得调整承包地，2007 年《中华人民共和国物权法》再次严禁承包期内发包方随意调整承包地。叶剑平等（2018）对 17 省的调查表明，第一轮土地承包时，70%以上的村庄重新调整过土地，第二轮土地承包时，调整次数减少，但仍有 32.8%的村庄调整过土地。

为降低经济建设用地成本，产权制度预留了农地由集体所有向城市国有转变的唯一方式，即为了公共利益，政府有权征用土地（周其仁，2013），于是产生土地财政。1982 年《中华人民共和国宪法》明确规定土地征用的限制条件，而公共利益内涵模糊，为政府介入农地城市流转提供了便利，且征地补偿标准只给出补偿上限（周其仁，2013）。1994 年分税制改革后，中央政府获得大部分税收，地方政府获得小部分税收，但地方事权并未减少，导致财权和事权不匹配，因此，以政府垄断为特征的城市土地使用权市场化转让成为地方政府获得预算外收入的重要来源（周其仁，2013）。与此同时，中央政府对地方经济增长的目标责任考核，引发了地方政府官员间的政治晋升竞争，加剧了土地财政问题（刘佳等，2012）。"两权"分离的理论框架如

图 2-2 所示。

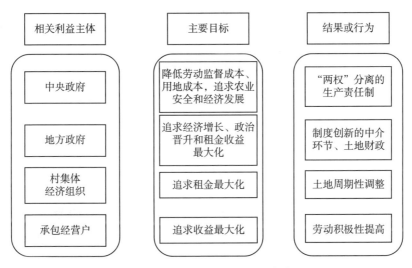

图 2-2　"两权"分离的理论框架

2.4 "三权"分置：市场在资源配置中起决定性作用的必然选择

2.4.1 相关利益主体的博弈：基层自发创新，政府主动认可

随着非农劳动力价格上涨和劳动力自由流动管制放松，20 世纪 80 年代初期农村地区出现大规模非农就业，引发土地市场化交易的需求（Yao et al.，2000）。虽然"两权"分离的生产责任制赋予劳动力剩余索取权，激励农业生产积极性，但农地产权结构模糊导致农地产权风险较高（Peter，2014；Deininger et al.，2011）。因此，部分外出务工农户被迫把土地交给亲友无偿代耕，甚至倒贴租金，不利于改善土地、劳动力和资本等要素的配置效率，抑制了农业经济持续增长（郭忠兴等，2012；Cheng et al.，2017；周其仁，2013）。更为重要的是，改革开放以来，土地和劳动力要素价格相对较高，而资本要素价格相对较低，表明与资本要素相比，土地和劳动力要素更稀缺。孔祥智等（2018）研究发现，土地和劳动力要素价格持续上涨，而化肥、机械价格呈下降趋势。可见，土地和劳动力要素价格持续上涨推动国内农业生产成本居高不下。中国的主要农产品国内生产成本远高于美国等农业强国，而

人工成本过高是制约中国农业国际竞争力提升的主要因素（表 2-1）。

表 2-1 2017 年中美主要农产品生产成本比较

	小麦		玉米		大豆	
	中国	美国	中国	美国	中国	美国
总成本（元/亩）	1 007.64	335.81	1 026.48	740.81	668.80	490.31
生产成本（元/亩）	800.52	265.49	816.18	565.72	417.51	331.83
物质与服务费（元/亩）	438.65	240.27	374.98	529.76	201.66	305.64
人工成本（元/亩）	361.87	25.22	441.20	35.96	215.85	26.19
土地成本（元/亩）	207.12	70.32	210.30	175.09	251.29	158.48
	中国/美国		中国/美国		中国/美国	
总成本	3.00		1.39		1.36	
生产成本	3.02		1.44		1.26	
物质与服务费	1.83		0.71		0.66	
人工成本	14.35		12.27		8.24	
土地成本	2.95		1.20		1.59	

注：中国农产品成本数据来源于《全国农产品成本收益资料汇编 2018》，美国农产品成本数据来源于美国农业部经济研究中心（USDA-ERS），美元与人民币汇率按全年平均汇率计算。

在劳动力价格较高而资本价格较低的情境中，中央政府明确提出，鼓励农地流转，发展适度规模经营，从而发挥市场机制的决定性作用，促进资本替代劳动力，降低农业生产成本，提升农产品国际竞争力。理论上，培育农地租赁市场对降低农业生产成本的影响路径主要有两条：一是发育良好的农地租赁市场有助于改善农地、资本和劳动力等要素的配置效率（Jin et al.，2009）；二是发育良好的农地租赁市场有助于实现土地集中连片，便于机械化作业，获得规模经济效应（Wu et al.，2005）。在农业机械化水平较低阶段，土地和劳动力市场不完善造成农地规模与生产效率的负向关系，这是因为劳动力监督成本和非农就业固定交易成本较高。而资本替代劳动力有助于减弱规模与效率的负向关系，最终导致规模与效率的正向关系（Foster et al.，2017）。因此，中央政府开始实施系列以培育农地租赁市场为主要目标的政策法规：1984 年和 1986 年中央 1 号文件鼓励农地向种植能手集中；2002 年《农村土地承包法》为农地市场化交易提供了法律依据；2008 年《中共中央关于推进农村改革发展若干重大问题的决定》丰富农地市场化交易的方式，提高农地自由处分权（郭忠兴等，2012）；2014 年中央 1 号文件要求"落实所有权，稳定承包权，放活经营权"，形成农地"三权"分置的格局（申始占，2018）。

村集体经济组织和地方政府是培育农地租赁市场的重要参与者和建设者，发挥中介、监管、指导和主导等关键性作用（孔祥智等，2013；黄忠怀等，2016）。实践中，两田制、土地股份合作制和"四荒"使用权拍卖等制度改革试验离不开村集体经济组织和地方政府的亲自设计和操作（洪名勇，2012）。村集体经济组织及其领导者利用自身政治、经济优势，既组织、协调自发的农地市场化交易，又直接充当农地租赁市场的交易者，完成上级政府的任务，实现自身租金收益最大化（孔祥智等，2013；黄忠怀等，2016）。乡镇政府发挥规模经济优势，提供农地经营权流转平台，指导并协调农地租赁交易，而省、市、县政府发挥主导和决策等作用（甄江等，2018；黄忠怀等，2016）。

2.4.2　培育农地租赁市场的基本特征

农地确权改革降低了政府介入农地使用的可能性，因此相关改革措施的落实进展缓慢。清晰界定的农地产权结构降低了单个农户参与农地流转的交易成本，是实施"三权"分置改革和培育农地租赁市场的必要前提和法律保障，这要求对土地权属、地块面积和"四至"等进行确权登记颁证（程令国等，2016）。2010 年中央 1 号文件要求全面落实"四到户"（地块、面积、合同和证书），并扩大承包经营权登记试点范围；2013 年中央 1 号文件要求五年时间内基本完成全国范围内农村土地承包经营权登记颁证工作（程令国等，2016）。然而，叶剑平等（2018）对 17 省的调查结果显示，多数村庄仅完成土地测量和签字确认，而少数村庄完成证书发放，土地颁证工作明显滞后。

在中央政府晋升锦标赛的激励下，追求政绩和租金收益最大化的地方政府大力支持和鼓励工商资本下乡、超大规模转入土地，进而发展地区农业经济。但与村集体经济组织和地方政府相比，小农户谈判地位较低，利益可能受到不同程度侵犯。因此，中央政府要求严格规范农地流转行为，适度推动资本下乡（匡远配等，2018）。

中央政府、地方政府和村集体经济组织目标不一致降低农地产权制度改革的政策效果，影响农地租赁市场培育及契约稳定性和持续性，导致生产行为短期化，抑制农业可持续发展。实践中，承包经营户和经营户在产权界定和产权执行层面面临不同类型的产权风险。

一方面，地方政府征用土地或村集体经济组织周期性调整土地增加外出务工农户等的失地风险预期，不利于培育农地租赁市场（Cheng et al.，2017）。然而，随着农地确权改革等一系列稳定农地产权政策的实施，多数村庄土地调整的频率大幅下降（叶剑平等，2018），土地周期性调整可能不再是当前农地产权风险的主要来源。

另一方面，农地产权制度不完善，法律制度和监督机制失灵，导致农地租赁契约稳定性和持续性不足。理想条件下，如果农地交易双方在事前规定未来所有可能状态下各自的权利、责任和义务，农地租赁契约具有完全性（聂辉华，2017；Jacoby et al.，2008），此时农地契约具有帕累托最优属性，则农地交易双方并不存在违背农地租赁契约的动机。然而，外部环境的复杂性、不确定性和有限理性导致农地租赁契约具有不完全性（聂辉华，2017），难以有效防范农地交易者的机会主义行为，追求收益最大化的农地交易者有可能违背农地租赁契约，不利于降低农地产权风险预期。值得注意的是，法庭执行机制是提高契约稳定性和持续性的重要保障，但在法律制度和监督机制失灵的情境中，受害方通常难以获得符合效率标准的违约赔偿金。因此，不完全的农地租赁契约表现出口头化和短期化等特征，不利于降低农地交易者违约的可能性，隐含着农地产权风险。

在现行农地产权制度安排下，中央政府、地方政府和村集体经济组织有权介入农地租赁契约的形成过程，影响契约稳定性和持续性。作为产权制度及相关法律法规最主要的供给者，中央政府致力于制定并完善相关法律法规，提高产权界定的清晰程度，从而降低承包经营户和经营户的产权风险预期，激励农业生产行为长期化。然而，在非农就业失业风险难以预期和社会保障体系不健全的情境中，如果承包经营户预期到非农失业后无法及时收回土地从事农业生产，承包经营户有可能签订口头化、短期化的农地租赁契约，或降低流转租金，保留随时收回土地的权利，从而引发破坏土地质量等短期化生产行为。作为产权制度及相关法律法规最重要的执行者，地方政府和村集体经济组织不仅协调、指导和监管农地租赁契约的形成过程，充当第三方监督角色，还参与农地租赁市场，充当农地交易者，从而提高契约稳定性和持续性（仇焕广等，2017；马贤磊等，2016）。实践中，地方政府、村集体经济组织及其领导者具备公共权威性，有助于实现对农地租赁契约的认可或背书，减少农地交易双方的机会主义行为（仇焕广等，2017）。然而，作为农地交易的直接供求者，地方政府和村集体经济组织参与农地市场化配置，可能损害农民权益，不利于承包经营户及时收回土地（匡远配等，2018）。"三权"分置的理论框架如图2-3所示。

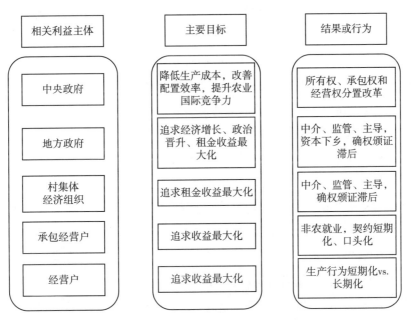

图2-3　"三权"分置的理论框架

2.5　本章小结

新中国成立以来，农地产权制度演进经历了"两权"合一、"两权"分离、"三权"分置三个阶段，但现有研究采用新制度主义范式和马克思主义范式分析1949年以来农地产权制度的演进逻辑，缺乏一个逻辑一致的可验证的理论框架。鉴于此，本章以"减少农业资本转移成本—降低农业劳动力监督成本和经济建设用地成本—发挥市场机制决定性作用，促进资本替代劳动力"为主线，解释1949年以来农地产权制度的演进逻辑及规律，分析中央政府、地方政府、村集体经济组织、承包经营户和经营户等相关利益主体之间的博弈机理，以及中国农地产权制度演进过程的基本特征。

在"两权"合一阶段，以优先发展重工业为目标，以强制性变迁为特征，以低成本转移农业资本为抓手，中央政府和农户是农地产权制度演进博弈的主要参与者。中央政府在农村地区建立人民公社体制，而农户以怠工的方式回应人民公社，增加了农业资本转移的成本。在"两权"分离阶段，以维护农业安全和追求经济发展为目标，以强制性变迁和诱致性创新为特征，以降低农业劳动力监督成本和经济建设用地成本为抓手，中央政府、地方政府、村集体经济组织和承包经营户是农地产权制度演进博弈的主要参与者。为激发承包经营户的生产积极性、降低农业劳动力监督成本，中央政府不断延长和完善承包经营权的期限和权能，但拥有独立行为目标及模式的地方政府和村集体经济组织开展土地周期性调整等。在"三权"分置阶段，以改善要素配置效率和提升农业国际竞争力为目标，以强制性变迁和诱致性创新为特征，以资本替代劳动力和降低农业生产成本为抓手，中央政府、地方政府、村集体经济组织、承包经营户和经营户是农地产权制度演进博弈的主要参与者。为发挥市场机制的作用、促进资本替代劳动力和降低农业生产成本，中央政府提出鼓励农地流转，形成所有权、承包权和经营权分置的格局，且中央政府、地方政府和村集体经济组织有权介入农地租赁契约形成过程，影响农地租赁市场培育质量。

围绕农地产权制度演进逻辑、规律与基本特征，农地产权制度演进遵循"减少农业资本转移成本—降低农业劳动力监督成本和经济建设用地成本—发挥市场机制决定性作用，促进资本替代劳动力"的规律，从而为后文分析以市场化配置为导向的农地产权制度改革对农地租赁契约选择的影响以及农地租赁契约对投资、效率和收入的影响提供必要的制度背景；中央政府、地方政府、村集体经济组织、承包经营户和经营户是农地租赁市场培育的重要参与者和建设者，更为重要的是，各相关利益主体之间的博弈是推动中国农地产权制度变迁的关键力量，形塑农地产权制度未来演进方向，从而为后文分析村集体经济组织及其领导者对农地租赁契约选择的影响及对投资、效率和收入的影响提供必要的制度背景。

第 3 章 农地租赁契约形成机制及契约效果理论分析

本章在界定农地租赁、农地租赁契约和农地产权风险等关键概念的基础上，构建正式产权制度改革和非正式规则对农地流转租金、流转规模和流转期限影响的理论框架；从理论上分析农地租赁契约对农地长期投资、农业生产效率和农户家庭收入的影响机制，为第 4 章至第 7 章的实证研究奠定理论基础。

3.1 概念界定

3.1.1 农地租赁

本研究把农地租赁界定为在农地"三权"分置的情境中，农地边际用值不同的农户利用市场价格机制自由配置农地经营权，以实现农地交易双方收益最大化。为简化分析，考虑理想状态下农地租赁市场仅存在两个代表性农户 S 和 D 的纯交换经济，如图 3-1 所示，农户 S 和 D 的农地需求曲线分别为 d_S 和 d_D，因此，农地租赁市场总需求曲线为折线 NFE。以横轴为农地经营规模（q），纵轴为农地流转租金（r），竖直线 L 为农地租赁市场供给曲线，假定供给固定不变，初始交易时农地要素全部归农户 S 所有。因此，农户 S 的农地边际用值是 M，而农户 D 无农地，其边际用值是 N。如果农地租赁市场的交易价格高于 M，农户 S 会转出农地，而交易价格低于 N，农户 D 会转入农地。农户 S 转出农地是沿着需求曲线 d_S 向左上方移动，农户 D 转入农地是沿着需求曲线 d_D 向右下方移动，农户 D 的转入量 q_D 恰好等于农户 S 的转出量 q_S，即 $q_D = q_S$。更为重要的是，只要农户 S 的农地边际用值不等于农户 D 的农地边际用值，追求效用最大化的农户 S 和农户 D 会继续参与农地租赁市场，直至农地边际用值相等，均衡地租是 r_1，即农地租赁市场需求曲线和供给曲线的交点，此时农地交易双方家庭收益实现最大化。

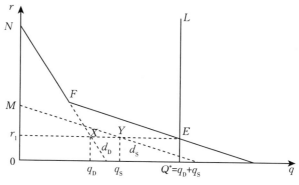

图 3-1　农地租赁市场供求曲线

3.1.2　农地租赁契约

　　本研究把农地租赁契约界定为在农地"三权"分置的情境中，农地交易当事人关于农地经营权市场流转价格、流转期限、流转规模和违约惩罚条款等内容达成的相互承诺或双边协调安排，规定农地流转交易双方各自承担的权利、责任和义务，以尽可能实现双方收益最大化。在农地经营权流转过程中，农地交易双方当事人事前订立一份农地租赁契约，对农地流转规模、流转租金和流转期限等相关内容做出承诺，以稳定农地交易双方当事人的预期，保证农地经营权交易顺利进行，激励专用性资产投资，从而实现农地交易双方福利帕累托改进。从契约形式看，农地租赁契约分为书面契约和口头契约；从契约期限看，分为长期契约和短期契约；从租金分配方式看，分为固定租金契约和分成契约；从租金类型看，分为货币（实物）地租和人情关系租。

　　统计结果表明，从契约形式角度，68.39%的样本户选择书面契约；从契约期限角度，农地流转平均期限为15.45年，其中不约定农地流转期限的比例为21.29%，流转期限在1年以内的比例为4.30%，流转期限在15年及以上的比例为52.26%；从流转租金角度，13.76%的样本户选择无偿租赁，仅有6.02%的样本户流转租金每年发生变化，流转租金每年平均为443.50元/亩；从有无第三方规制角度，47.31%的样本户农地流转并未获得村委会或政府的批准，在苹果园流转过程中，村委会及政府的主要作用是充当谈判对象、居中调解等。还应指出的是，担保人参与是熟人社会共同体内部普遍存在的第三方惩罚机制，有担保人在场的农地流转交易占62.80%，其中村干部和村中有威望的人是当前农村社会主要的担保人类型，分别占 56.31% 和 22.15%。

3.1.3　农地产权风险

本研究从产权执行角度把农地产权风险界定为在农地产权制度不完善的情境中，农地租赁市场参与者由于交易对象违约而提前失去租赁地的可能性。农地产权风险包含产权界定和产权执行两个层面，其中产权界定层面主要是指农地产权制度对产权界定的清晰程度，其主要表现为村庄土地周期性调整、政府征用土地等形式，而产权执行层面主要是指农地租赁契约稳定性和持续性，其主要表现为农地租赁契约违约纠纷等形式。理论上，清晰的产权界定有助于降低单个农户参与农地流转的产权执行成本，而良好的产权执行有助于削弱产权模糊导致农地产权风险较高的影响。这是因为：一方面，清晰的产权界定有助于提高法律及相关政策条款的有效性，减少农地交易者机会主义行为，从而稳定农地产权风险预期，降低形成稳定农地租赁契约的交易成本；另一方面，在农地产权制度不完善的情境中，如果农地租赁契约具有完全性，交易双方在事前约定各自的权利、责任和义务，有助于减少交易双方事后的"敲竹杠"行为，从而降低农地产权风险预期。

进一步而言，从产权执行层面，按照农地租赁契约违约对象的不同，农地产权风险主要分为转出方违约和转入方违约，其中转出方违约的主要原因包括农业经营收益提高后提前收回农地、非农失业返乡后提前收回农地以及担心土地调整失去农地而提前收回等，而转入方违约的主要原因包括破坏土地质量或地面附属物、未按时支付农地流转租金以及不遵守流转期限等。对本研究样本所在区域而言，实地调查结果显示，转出方违约是农地流转违约纠纷的主要原因，具体包括果园经营收益提高后提前收回农地（占 33.3%）、非农失业返乡后提前收回农地（占 22.8%）以及担心失去而提前收回农地（占8.1%）等。还应指出的是，农地交易双方协商是解决农地流转违约纠纷的主要途径（占 65.0%），而仅有极少数农地流转违约纠纷诉诸法律解决（占5.69%），且受损方通常无法获得符合效率标准的违约赔偿金（占 80.5%）。

3.2 农地租赁契约形成机制及契约效果分析

理论上，农户参与农地租赁市场、从事农业生产经营的阶段主要包括（图 3-2）：在时点 0 处，农户搜寻农地流转交易对象，签订农地租赁契约，约定流转租金、流转规模、流转期限以及违约惩罚条款等相关内容，但外部环境复杂性和不确定性导致无法完全规定未来所有可能的自然状态，从而造成农地租赁契约不完全；在时点 1 处，追求收益最大化的要素需求者在租赁地进行农业专用性资产投资；在时点 2 处，要素需求者获得农业专用性资产投资的收益，而专用性资产投资收益可得性及大小决定农户从事农业生产性投资的意愿，进而影响农业生产效率和农户家庭收入。但在法律制度和非正式规则缺乏有效性的情境中，农地租赁契约不完全难以有效防范农地交易者的机会主义行为，提高农户产权风险预期，抑制事前专用性资产投资，从而降低农业生产效率和农户家庭收入。为此，本部分基于正式产权制度和非正式规则角度，构建农地确权改革、第三方（主要指担保人）参与农地流转和农地交易双方互惠关系对农地流转租金、流转规模和流转期限影响的理论框架，并阐释农地租赁契约形式及违约惩罚条款的作用。进一步地，构建农地租赁契约对农地长期投资、农业生产效率和农户家庭收入影响的理论框架，阐明产权风险情境中农地租赁契约效果。

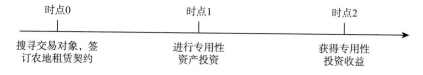

图 3-2　农地流转户从事农业生产阶段图

3.2.1 农地流转租金和流转规模形成机制的理论分析

借鉴 Deininger et al.（2003）的理论模型并加以修改，考虑农户 S 提供农地给农户 D 的情境（一般可以视作连续统多个农户，农户属于某种类型的比例可认为只有一个农户，而农户属于这种类型的概率，根据大数定理，两者是等价的），为简化起见，要素需求者农户 D 的效用函数可表示为：

$$u_D(q, r) = u(q(1-v)) - rq \qquad (3-1)$$

其中，r 表示农地流转租金，q 表示农户 D（农户 S）转入（转出）农地的规模，v 表示农户 D 提前失去转入地的概率，反映农地产权风险，满足 $v \in [0, 1]$。从产权执行角度，这里把产权风险定义为在农地流转交易过程中，农地租赁交易的违约概率。因此，$u(q(1-v))$ 表示当存在农地产权风险时，农户 D 租赁一定规模农地的效用，且满足以下性质：$u(0) = 0$，$u'(q) > 0$，$u''(q) < 0$。

对于要素供给者而言，农户 S 的收入主要来源于农业生产经营、非农就业和农地租赁，因此，其参与农地租赁市场的效用函数可表示为：

$$u_S(q, l) = PQ(\overline{A} - q, l) + rq + l^n w \qquad (3-2)$$

这里 P 表示农产品价格，而 w 表示非农就业工资水平，且假设固定不变。$Q(\overline{A} - q, l)$ 是农户 S 的农业生产函数，满足生产函数一般性质，即 $Q'_1 > 0$，$Q'_2 > 0$，$Q''_{11} < 0$ 和 $Q''_{22} < 0$；l 表示从事农业生产的劳动力数量；l^n 表示从事非农就业的劳动力数量。

假设农户 S 对农户 D 提供一个农地租赁契约，即 (r, q)，农户 S 的目标是在农户 D 接受农地租赁契约的基础上获取最大化剩余。本研究基于以下判断，假设农户 S 具有完全的谈判能力：一是本研究样本统计分析显示，在农地流转发生时仅有 21.72%（即在 465 户农地转入户中仅有 101 户）的农地转入户同时有其他农地转出对象，也即多数样本农户农地流转为"一对一"关系；二是陆文聪等（2007）研究表明，粮田流转多为需求不足，而菜田等高价值农作物农地流转多是供给不足，这在一定程度上增强了苹果种植转出户的谈判能力；三是农地租赁双方谈判能力的高低可能是具有情境依赖性的。王倩等（2018）利用双边随机边界模型分析粮食产区农户农地流转的议价能力时发现，与转入户相比，转出户具有更强的议价能力。假设农户 D 不接受农地租赁契约的效用水平为 $\hat{u}$，简化起见，设 $\hat{u} = 0$。因此，农户 S 的目标是求解以下最大化问题：

$$\mathrm{Max}\, u_S(q, l) = PQ(\overline{A} - q, l) + rq + l^n w \qquad (3-3)$$

满足参与约束：$u_D(q, r) = u(q(1-v)) - rq \geqslant 0$。因此，把参与约束代入（3-3）式，可得：

$$\mathrm{Max}\, u_S(q, l) = PQ(\overline{A} - q, l) + u(q(1-v)) + l^n w \qquad (3-4)$$

对式（3-4）求解一阶条件，可得：

$$(1-v)u'_q = PQ'_q \qquad (3-5)$$

$$w = PQ'_l \qquad (3-6)$$

其中，式（3-5）的含义是当存在产权风险时，租赁一单位农地的边际效用等于农地边际价值，而式（3-6）的含义是农户从事非农就业的工资水平等于单位劳动力农业生产价值。更为重要的是，农地产权稳定性依赖于正式制度和非正式规则的有效性。假定正式制度、非正式规则与农地产权风险的关系为：$v(R，x_I，\vartheta) = \prod(\vartheta(\varnothing_1 - R) \cdot (\varnothing_2 - x_I(x_T，x_C)))$。其中，$\prod(\cdot)$ 是风险概率转化函数，其作用是保证 $v \in [0，1]$，且满足 $\dfrac{\partial v}{\partial R} = \dfrac{\partial \prod}{\partial R} < 0$、$\dfrac{\partial v}{\partial x_T} = \dfrac{\partial \prod}{\partial x_T} < 0$ 和 $\dfrac{\partial v}{\partial x_C} = \dfrac{\partial \prod}{\partial x_C} < 0$；$\varnothing_1$ 和 $\varnothing_2$ 是初始产权风险状态系数，假设固定不变，前者表示农地产权制度隐含的产权风险初始状态，而后者表示非正式规则隐含的产权风险初始状态；R 表示正式产权制度改革（即农地确权颁证），x_I 表示非正式规则（包括第三方参与农地流转 x_T 和农地交易双方互惠关系 x_C），这里把农地交易双方互惠关系定义为参与农地租赁市场交易者基于血缘、亲缘或地缘形成的互惠关系。按照日常生活中是否存在互惠行为，农地交易双方互惠关系可以分为日常生活中农地交易双方彼此馈赠或帮工和农地交易双方从不馈赠或帮工等两种类型。本研究认为，这符合中国农村熟人社会共同体内部普遍存在的关联博弈机制和重复博弈机制。ϑ 表示除正式制度和非正式规则外，影响农地产权风险的其他因素，包括农地租赁契约形式和违约惩罚条款等。

基于上述分析，由农户 D 的参与约束可知，此时均衡地租为：

$$r(R，x_T，x_C，\vartheta)^* = \frac{u(q^*(1 - v(R，x_T，x_C，\vartheta)))}{q^*} \qquad (3-7)$$

这里 q^* 表示农地流转最优规模。因此，由式（3-5）和式（3-7）可知，农地租赁市场的失地风险越低，均衡地租水平越高，即 $\dfrac{\partial r^*}{\partial v} < 0$[①]。理论上，一方面，以明晰农地权属关系结构为主要目标的农地产权制度改革降

---

① 由式（3-5）和式（3-7）可知，在 $u' > 0$ 时，则 $\dfrac{\partial r^*}{\partial v} = -u' < 0$。

低农地产权边界模糊性和不确定性，实质上保护农业经营者利益，有助于改善农地产权风险预期；另一方面，第三方参与农地流转是熟人社会共同体内部普遍存在的第三方担保机制或第三方私人惩罚机制，有利于减小农地流转市场中交易违约的可能性，降低农地产权风险预期。而农地交易双方互惠关系是熟人社会共同体内部普遍存在的关联博弈机制或重复博弈机制，在农村社会保障体系尚不健全的情境中，如果预期到非农就业不稳定，农地转出户通常降低农地流转租金、甚至不收取流转租金，以扩大农地流转交易对象的范围，得到较高的"人情关系租"，从而获得非农就业失业后农地交易对象人情交换内容的增加（如提供货币或实物等类型的帮助或馈赠）。进一步地，农地确权颁证改善相关法律法规条款的有效性，提高农地内在价值，这有助于削弱第三方参与农地流转对流转租金的促进作用，但在非农就业预期不稳定的情境中，农地转出户降低流转租金的幅度可能更大，以扩大流转对象交易范围。与此同时，农地租赁契约形式趋于规范化及违约惩罚条款有助于充分发挥第三方法庭监督机制的作用，提高农地流转违约行为成本，从而降低农地产权风险预期。

鉴于此，可提出如下研究假说：①农地确权颁证和第三方参与农地流转减少农地流转违约行为可能性，从而提高农地流转租金，但农地交易双方互惠关系越密切越有助于降低农地流转租金，且农地确权颁证减弱第三方参与对流转租金的正向影响，增强农地交易双方互惠关系密切对流转租金的负向影响；②农地租赁契约形式趋于规范化和违约惩罚条款提高农地流转租金，且规范化的农地租赁契约和违约惩罚条款可能减弱正式产权制度和非正式规则对农地流转租金的影响。

对流转规模而言，由式（3-5）可知，农地租赁市场的失地风险越低，农地流转规模越大，即$\frac{\partial q^*}{\partial v}<0$[①]。理论上，农地确权颁证降低农地产权边界模糊性和不确定风险，改善农地产权风险预期，扩大农地流转规模。类似

①　由式（3-5）可知，令$F=(l-v)u'_q-PQ'_q$，则$\frac{\partial F}{\partial q}=(1-v)^2u''+PQ'_q$，$\frac{\partial F}{\partial v}=-u'_q-$ $(1-v)qu''$。当$1+\frac{u'}{qu''}<v<1$时，$\frac{\partial q^*}{\partial v}<0$。这符合农地产权制度不完善导致农地产权风险较高的现实情境。

地，第三方参与农地流转和农地交易双方互惠关系分别是熟人社会共同体内部普遍存在的第三方担保机制或第三方私人惩罚机制和关联博弈机制或重复博弈机制，有利于减少农地流转市场违约行为的可能性，降低农地产权风险预期，扩大农地流转规模。进一步地，农地确权颁证改善相关法律法规条款有效性，扩大农地流转规模，这有助于降低第三方参与农地流转和农地交易双方互惠关系对流转规模的正向影响。与此同时，农地租赁契约形式趋于规范化以及违约惩罚条款降低第三方法庭监督机制的执行成本，改善农地产权风险预期，从而扩大农地流转规模。

鉴于此，可提出如下研究假说：①农地确权颁证、第三方参与农地流转以及农地交易双方互惠关系越密切越有助于扩大农地流转规模，且农地确权颁证减弱非正式规则对农地流转规模的正向影响；②农地租赁契约形式趋于规范化以及违约惩罚条款有助于扩大农地流转规模，且规范化的农地租赁契约和违约惩罚条款减弱正式产权制度和非正式规则对农地流转规模的影响。

3.2.2 流转期限的理论分析

上述分析给出了农地要素供给者和需求者参与农地租赁市场的静态过程，但是与一般物品的交易不同，农地租赁交易表现为依附于农地承包经营权的经营权流转，这并不是交割式的市场出清，表现出"期限性"的特征(邹宝玲等，2016b)。鉴于此，本研究引入农地流转期限等时间因素，为便于分析，把农地流转期限的选择看作是一系列不连续的选择。农户参与农地租赁市场主要分为三个阶段：在时点 0 处，要素供给者确定农地流转交易对象，农地交易双方签订农地租赁契约，即契约 (r, q, t)；在时点 1 处，转入户从事农业生产投资，而转出户从事非农就业；在时点 2 处，转入户获得农业投资收益。这里 t 表示农地流转期限，而农地交易双方潜在的交易关系持续 T 期。

对于要素供给者而言，其参与农地租赁市场的目标是实现家庭收益最大化，可表示如下：

$$\text{Max} V^n(t) + V^a(T-t) \qquad (3-8)$$

其中，V^n 表示流转期限内，要素供给者从事非农就业与农地租赁的收益之和，而 V^a 表示租赁契约终止后，要素供给者从事农业生产的收益之和，且满足如下性质：$V'_t(\cdot)>0$。因此，最优契约持续期 t^* 满足以下一阶条件：

$$V^n_t(t^*;r(R,x_T,x_C,\vartheta)) = V^a_t(t^*;r(R,x_T,x_C,\vartheta)) \quad (3-9)$$

式（3-9）的含义是在最优契约期限处，额外订立一期契约的交易价值等于契约终止的交易价值。如果额外订立一期契约的交易价值高于契约终止的交易价值，有助于延长流转期限。相反，如果额外订立一期契约的交易价值低于契约终止的交易价值，有助于降低流转期限。应指出的是：一方面，农地确权颁证和第三方参与农地流转降低农地产权风险预期，提高农地流转租金，有助于增加额外订立一期契约的交易价值[1]，从而延长流转期限；另一方面，在熟人社会背景下，农地流转租金形式主要包括以货币或实物支付的地租和"人情关系租"等类型，农地交易双方互惠关系越密切越有助于降低农地流转货币地租，增加农地交易双方"人情关系租"，而关联博弈机制和重复博弈机制有助于提高额外订立一期契约的交易价值，从而延长流转期限。可能的解释是，农地交易双方之间"人情关系租"越高越有助于非农就业失业后获得农地交易对象的帮助或馈赠，从而提高额外订立一期契约交易价值。进一步地，农地确权颁证提高额外订立一期契约的交易价值，从而可能削弱第三方参与农地流转和农地交易双方互惠关系密切对延长流转期限的正向影响。与此同时，农地租赁契约形式趋于规范化以及违约惩罚条款提高农地流转交易违约行为的成本，有助于改善农地产权风险预期。

基于上述分析，可提出如下研究假说：①农地确权颁证、第三方参与农地流转和农地交易双方互惠关系密切有助于延长流转期限，且农地确权颁证会削弱第三方参与农地流转和农地交易双方互惠关系密切对延长流转期限的正向影响；②农地租赁契约形式趋于规范化和违约惩罚条款延长流转期限，且规范化的农地租赁契约和违约惩罚条款可能减弱正式产权制度和非正式规则对流转期限的影响。

---

[1] 根据式（3-7）和式（3-9）可知：$\dfrac{\partial V^n}{\partial v} = \dfrac{\partial V^n}{\partial r} \cdot \dfrac{\partial r}{\partial v} < 0$，表示产权风险越低，农地流转租金越高，额外订立一期契约的交易价值越高，从而有助于延长流转期限。

3.2.3 农地租赁契约对农地长期投资的影响

借鉴 Abdulai et al.（2011）的理论模型并加以修改，假定要素需求者农户 D 利用自有地和租赁地从事农业生产经营，其生产函数满足柯布-道格拉斯函数形式，即 $f=Q(\overline{A},K)=\omega\overline{A}^{\alpha}K^{\beta}$，其中 $\overline{A}$ 是土地要素，K 是资本要素，ω 是技术进步等其他要素，α 和 β 分别是土地和资本产出弹性，满足生产函数的一般性质，即 $Q'>0$，$Q''<0$，而土地要素包括自有地（A）和租赁地（q），即 $\overline{A}=A+q$。考虑到资本要素和劳动力要素具有替代性，为简化起见，这里的农业生产函数并未纳入劳动力要素。在时点 0 处，要素需求者农户 D 仅在自有地上从事农业生产经营，此时初始资本为 K_0，但终止资本存量未定，这是因为农户可以自由选择是否租入土地，并匹配其他相应的农业生产投入。可见，这里存在两个控制变量，即土地流转规模 q 和生产性投资 I，而状态变量只有一个，即资本存量 K。

为简化分析，这里把农产品价格标准化为 1，但并未考虑资本折旧。要素需求者农户 D 参与农地租赁市场的目标是在流转期限 $[0,T]$ 内追求自身收益最大化，可表达如下：

$$\mathrm{Max}\int_0^T\left[Q(\overline{A},K)-rq(1-v)-C(I)\right]\mathrm{e}^{-\rho t}\mathrm{d}t \qquad (3-10)$$

其中，r 是农地流转租金；v 是失去租赁地的概率，反映农地产权风险；$\mathrm{e}^{-\rho t}$ 的主要作用是贴现，ρ 是贴现率，t 是时间长度；$C(I)$ 是农业生产性投资的成本函数，假定 $C(I)=nI(n>0)$，这里 n 是农业生产性投资的成本系数（包括农村借贷市场调整成本等）。此外，$K=I$（或者 $I=\mathrm{d}K/\mathrm{d}t$）表示资本 K 变化速度取决于农业生产性投资规模。

基于上述分析，构建汉密尔顿函数可得：

$$H_1(t,q,I,K)=\left[Q(\overline{A},K)-rq(1-v)-C(I)\right]\mathrm{e}^{-\rho t}+\lambda I$$

$$(3-11)$$

其中，λ 是农户从事农业生产性投资的影子价格，根据最大值原理可得：

$$\frac{\partial H_1}{\partial q}=\left[Q'_q-r(1-v)\right]\mathrm{e}^{-\rho t}=0 \qquad (3-12)$$

$$\frac{\partial H_1}{\partial I} = -ne^{-\rho t} + \lambda = 0 \qquad (3-13)$$

$$\dot{\lambda} = -\frac{\partial H_1}{\partial K} = -Q'_K e^{-\rho t} \qquad (3-14)$$

$$\dot{K} = I \qquad (3-15)$$

$$\lim_{t \to T} \lambda(t) = 0 \qquad (3-16)$$

式（3-16）的经济学含义是农地流转到期后，农户在租赁地上生产性投资的影子价格降为零。由式（3-12）至式（3-16）可知，

$$Q'_q = r(1-v) \qquad (3-17)$$

$$ne^{-\rho t} = \frac{Q'_K}{\rho}(e^{-\rho t} - e^{-\rho T}) = \lambda \qquad (3-18)$$

式（3-17）的经济学含义是考虑农地产权风险的农地流转租金等于单位土地的边际产出价值，反映农地租赁市场的均衡状态；式（3-18）的经济学含义是生产性投资的影子价格等于农业生产性投资成本系数的贴现，反映农村借贷市场的均衡状态。进一步地，农户生产性投资的表达式可写为：

$$I = \frac{1}{t}\left[\frac{r(1-v)}{\alpha\omega(A+q)^{\alpha-1}}\right]^{\frac{1}{\beta}} - \frac{K_0}{t} \qquad (3-19)$$

由式（3-19）可得如下推论：①农地产权风险增加将会导致农业生产性投资降低；②农地流转租金提高有助于激励农业生产性投资[1]。可见，农地产权风险和农地流转租金是决定农业生产性投资的重要因素。值得注意的是，农地产权风险源自产权界定和产权执行两个层面，而农地长期投资是农业生产性投资的典型类型。现有研究表明，土地质量退化是由不合理地使用化肥和农药，不充分地使用有机肥以及不科学地耕作等农地利用及投资行为造成的（李照全，2008）。更为重要的是，当期土地质量取决于上一期土壤营养物质总含量加上当期土壤营养物质总含量等农地长期投资量，再减去作物生长过程中损失的土壤营养物质含量，因此，对农地质量改善行为的分析可简化为对农地长期投资行为的分析（Lyu et al.，2019）。

理论上，农户从事农地长期投资的规模依赖于农地长期投资收益大小及收益可得性，而收益大小及收益可得性很大程度上取决于农地产权制度有效

---

[1]　由式（3-19）可知，$\dfrac{\partial I}{\partial v} < 0$，$\dfrac{\partial I}{\partial r} > 0$。

性（李星光等，2019）。对收益大小而言，农业经营规模越大，越有助于摊薄农地保护性投资的成本，从而获得农业规模经济效应，促进农地长期投资，最终提高土壤肥力（Lyu et al.，2019；龙云等，2017）。可见，农户参与农地租赁市场扩大农业经营规模，有助于降低农地长期投资的成本，从而改善土地质量。对收益可得性而言，以集体所有、家庭承包经营为主要特征的家庭联产承包责任制引致农地权属关系结构模糊，进而导致农地产权风险较高（许庆等，2011；Peter，2014）。而农地是一种典型的不动产，投资回收期限较长，如果预期到无法获得完全剩余索取权，农户通常减少农地长期投资，从而不利于改善土地质量（李星光等，2019；聂辉华，2017）。然而，在农地租赁市场具有有效性的情境中，发育良好的农地租赁市场有助于农户通过参与农地流转市场及时收回农地长期投资的成本（Carter et al.，2004）。换言之，农地流转租金有效反映农地质量好坏，有助于及时收回农地长期投资成本，从而促进农地保护性投资，改善土地质量。

在农地产权制度不完善的情境中，如果农地交易者有能力预见到未来所有可能的自然状态，并在事前规定交易双方的权利、责任和义务，此时农地租赁契约达到帕累托最优状态，农地交易双方有动力遵守并维护农地租赁契约，从而有助于降低农地产权风险（聂辉华，2017；俞海等，2003），提高农地长期投资的收益可得性预期，促进农地长期投资。简言之，完全的农地租赁契约有助于降低农地交易双方违约的可能性，从而改善产权稳定性预期，最终激励农地长期投资。然而，现实中，外部环境的复杂性和不确定性导致农地租赁契约不完全，农地交易者事后面临其他当事人机会主义行为的风险（聂辉华，2017；李星光等，2019），从而损害农地长期投资剩余索取权安全性，不利于激励事前专用性投资。可见，不稳定的农地租赁契约难以提高农户收益可得性预期，最终减少农地长期投资。

值得注意的是，契约期限是反映契约稳定性最重要的指标之一（田传浩等，2013），契约持续期限越长，越有助于减少机会主义行为导致的农业生产无效率。不完全契约理论认为，一方当事人进行事前专用性资产投资，而事后面临被其他当事人"敲竹杠"的风险，则事前投资的资产专用性越强，从事投资的当事人越要求长期的交易持续性（罗必良，2014）。值得注意的是，农地长期投资通常与特定地块相连，因此，农地长期投资的资产专用性较强，而农地流转期限越长越有助于激励农地长期投资。在农地租赁契约不完全的情境中，事前的农地产权制度安排是重要的，通常影响形成农地租赁契约的交易成本，进而决定农地租赁契约类型的选择（杨瑞龙等，2006；李星光等，2019）。统分结合的双层农业经营体制实施以来，家庭联产承包责任制下，农地所有权属于村集体经济组织，因此，农地流转得到村集体经济组织批准或备案有助于实现对租赁地合法性和持续性的认可或背书（仇焕广等，2017），有助于稳定农地产权风险预期，从而激励农地长期投资。

鉴于此，可提出如下研究假说：①农地流转有助于扩大农业经营规模，摊薄农地长期投资的成本，从而促进农地长期投资，最终改善土地质量；②在农地租赁市场具有有效性的情境中，农地流转租金能有效反映土地质量的好坏，因此，农地流转租金越高，越有助于及时收回农地长期投资的成本，从而激励农地长期投资，最终改善土地质量；③在农地产权制度不完善的情境中，租赁地产权稳定性较弱，从而导致租赁地农地长期投资少于自有地，最终不利于改善租赁地土地质量；④农地流转期限越长反映农地租赁契约越稳定，有助于激励农地长期投资，从而改善土地质量，类似地，得到村集体经济组织批准或备案的农地流转反映农地租赁契约更稳定，有助于激励农地长期投资，从而改善土地质量。

3.2.4　农地租赁契约对农业生产效率的影响

现有研究认为，农业生产效率主要包括技术效率、配置效率、土地生产率、劳动生产率、成本利润率和全要素生产率等多个维度（李谷成等，2009），而市场参与、交易成本和农地产权风险是影响农业生产效率的重要因素（冒佩华等，2015；Wu et al.，2005；姚洋，2000）。理论上，农地租赁契约主要通过市场参与和农地产权稳定性影响农业生产效率，具体来说，有两条影响路径：一是农地市场化配置有助于扩大农业经营规模，改善生产要素配置效率，从而提高农业生产效率；二是农地产权越稳定越有助于减少其他当事人侵权行为的可能性，改善农业生产性投资剩余索取权安全性，激励农业生产性投资，从而提高农业生产效率。为便于解释，这里给出农地租赁契约与农业生产效率关系的数理逻辑。

假定要素需求者农户 D 的生产函数满足柯布-道格拉斯函数形式，即

$f=Q(\theta,\overline{A},K)=\omega\theta\overline{A}^{\alpha}K^{\beta}$，其中 θ 是农业生产效率，$\overline{A}$ 是土地要素，K 是资本要素，ω 是技术进步等其他要素，α 和 β 分别是土地和资本产出弹性，满足 $Q'>0$，$Q''<0$，而土地要素包括自有地（A）和租赁地（q），即 $\overline{A}=A+q$。类似地，为简化起见，农业生产函数并未纳入劳动力要素。在时点 0 处，农户 D 在自有地上从事农业生产经营，此时初始资本为 K_0，但终止资本存量未定。这里存在一个控制变量和一个状态变量，分别是农地流转规模 q 和资本存量 K，并把农产品价格标准化为 1，但并未考虑资本折旧。要素需求者农户 D 参与农地租赁市场的目标是在农地流转期限 $[0，T]$ 内追求自身效益最大化，可表达如下：

$$\text{Max}\int_0^T Q(\theta,\overline{A},K)-rq(1-v)-C(\dot{K})\mathrm{d}t \qquad (3-20)$$

其中，r 是农地流转租金；v 是失去租赁地的概率，反映农地产权风险；$C(\dot{K})$ 是农户从事农业生产经营的资本要素变化成本，假定 $C(\dot{K})=\gamma q\dot{K}$（$\gamma>0$），$\gamma$ 是资本要素变化的成本系数（包括农村借贷市场调整成本等）。与此同时，假定农户投入农业生产的资本要素变化是一种适应性预期，即 $\dot{K}=p(k-K)$（$p>0$），这里 p 表示农户投入农业生产的资本要素调整系数，K 表示实际资本量，k 表示期望资本量，而期望资本量可写为 $k=\mu(A+q)$（$\mu>0$），这是因为依据 Foster et al.（2017）的研究结论，农业经营规模越大要求资本要素投入越多。

基于上述分析，构建汉密尔顿函数可得：

$$H_2(t,\theta,q,K)=Q(\theta,\overline{A},K)-rq(1-v)-\gamma qp[\mu(A+q)-K]+$$
$$\lambda p[\mu(A+q)-K] \qquad (3-21)$$

这里 λ 是农户从事农业生产经营的资本要素变化的影子价格，根据最大值原理可得：

$$\frac{\partial H_2}{\partial q}=Q'_q-r(1-v)-\gamma p(\mu A\text{-}K+2q\mu)+\lambda p\mu=0$$

$$(3-22)$$

$$\dot{\lambda}=-\frac{\partial H_2}{\partial K}=-(Q'_K+\gamma qp+\lambda p) \qquad (3-23)$$

$$\dot{K}=p[\mu(A+q)-K] \qquad (3-24)$$

由式（3-22）至式（3-24）可知：

$$Q'_q = r(1-v) + \gamma p(\mu A - K + 2q\mu) - \lambda p\mu \qquad (3-25)$$

进一步地，农业生产效率表达式可写为：

$$\theta = \frac{r(1-v) + \gamma p(\mu A - K + 2q\mu) - \lambda p\mu}{\alpha\omega(A+q)^{\alpha-1}K^\beta} \qquad (3-26)$$

由式（3-26）可得如下推论：①农业生产效率依赖于农业经营规模，但影响方向是情境依赖的；②农地产权风险越高越无益于提高农业生产效率[①]。基于上述分析，农地租赁契约对农业生产效率的影响路径主要有两条。

其一，农地市场化配置有助于提高农业生产效率。农地市场化配置有助于实现农地要素由低生产效率农户向高生产效率农户的转移，改善要素配置效率，最终提高农业生产效率（Deininger et al.，2007；Deininger et al.，2008；Jin et al.，2009）。在农地租赁市场具有有效性的情境中，农户参与农地租赁市场有助于扩大农业经营规模，降低农地细碎化程度，提高农业生产机械化水平（Wu et al.，2005；De Janvry et al.，2015），最终提高农业生产效率。

其二，农地产权越稳定越有助于提高农业生产效率。家庭承包经营要求农地所有权属于村集体经济组织，而农户仅拥有承包经营权，导致农地权属关系结构模糊，不利于稳定农地产权风险预期（Ito et al.，2016；Peter，2014）。然而，农地是一种典型的不动产，投资回收期限较长，因此农地产权稳定性影响剩余索取权安全性（李星光等，2019；聂辉华，2017）。在此情境中，如果预期到无法获得农业生产性投资的完全剩余索取权，农户有可能减少甚至放弃农业生产性投资，特别是长期投资（Feng，2008；Muraoka et al.，2018）。换言之，农地产权稳定性影响农业生产性投资水平，这是因为农地产权越稳定越有助于及时收回农业生产性投资的收益，从而激励植树、土壤保护和有机肥施用等农业生产性投资（Deininger et al.，2007；Abdulai et al.，2011；Rao et al.，2016；Muraoka et al.，2018）。与之相反，农地产权不稳定类似于对农户征收"随机税"，减少及时收回农业生产性投资收益可得性的预期，最终降低农业生产效率（仇焕广等，2017）。可

---

① 由式（3-26）可知，$\frac{\partial\theta}{\partial v}<0$。

见，稳定的农地产权不仅有助于稳定农户产权风险预期，而且有助于减少农业生产性投资的后悔效应，从而激励生产性投资，最终提高农业生产效率。更为重要的是，农地权属关系结构模糊导致租赁地的产权稳定性较弱，不利于激励租赁地的生产性投资，从而降低租赁地的农业生产效率。

在农地产权制度不完善的情境中，有效且完善的农地产权执行有助于改善农地产权稳定性预期，从而提高农业生产效率。理论上，完全的农地租赁契约有助于农地交易双方在事前约定各自的权利、责任和义务，改善农地产权稳定性，从而实现约束条件下的次优效率（聂辉华，2017；Besley，1995；Hart et al.，2008；Hart，2009）。然而，有限理性、机会主义倾向和资产专用性通常造成农地租赁契约不完全，不利于降低交易当事人的机会主义倾向，减少农业生产性投资（聂辉华，2017；李星光等，2019），最终降低农业生产效率。在一方当事人进行事前专用性投资的情境中，不完全契约难以有效防范另一方当事人的事后"敲竹杠"行为（Hart，2009）。因此，资产专用性强，要求更长期的交易持续性。Masten et al.（1985）研究发现，关系专用性投资越多越有助于延长交易持续性，这是因为专用性投资导致的锁定效应。

一般而言，农地流转期限和农地流转得到村集体经济组织批准或备案是反映契约稳定性的重要指标（田传浩等，2013；李星光等，2019）。一方面，农地流转期限越长越有助于稳定农地产权风险预期，激励农业生产性投资，从而提高农业生产效率。另一方面，在农地租赁契约不完全的情境中，农地产权制度安排通常影响农户参与农地租赁市场的交易成本，进而决定农地租赁契约类型的选择（李星光等，2019；杨瑞龙等，2006）。家庭承包经营赋予村集体经济组织农地所有权，而农户仅拥有农地承包经营权，这为村集体经济组织干预农地使用和转让预留了充足的空间（Peter，2014）。因此，在农地流转过程中，村集体经济组织的行为和决策影响农地租赁契约稳定性，农地流转得到村集体经济组织批准或备案有助于实现村集体经济组织对农地租赁交易的认可或背书，改善租赁地产权风险预期，从而激励农业生产性投资，最终提高农业生产效率。

鉴于此，可提出如下研究假说：①农地市场化配置不仅有助于扩大农地经营规模，降低农业生产性投资成本，获得农业规模经济效应，而且有助于改善农地要素配置效率，最终提高农业生产效率；②与自有地相比，租赁地产权稳定性较弱，不利于激励农业生产性投资，从而减少农业生产效率；③农地流转期限越长越有助于稳定农地产权风险预期，从而激励农业生产性投资，进而提高农业生产效率；类似地，农地流转得到村集体经济组织批准或备案也有助于稳定农地产权风险预期，激励农业生产性投资，从而提高农业生产效率。

3.2.5　农地租赁契约对农户家庭收入的影响

一般认为，农户家庭收入主要包括农业经营性收入、非农工资性收入、财产性收入和转移性收入，但现阶段农户家庭收入的增长更多地依赖于非农工资性收入和转移性收入，而农业经营性收入和财产性收入的增长乏力，不利于促进农户家庭收入的长期持续增长（冒佩华等，2015）。更为重要的是，农地是农户最重要的生计资本，统分结合的双层农业经营体系导致农地产权制度不完善，既提高了单个农户参与农地租赁市场交易成本，抑制农地租赁市场培育，从而难以获得农业规模经济效应，还不利于及时收回农业生产性投资收益，降低了生产性投资剩余索取权安全性，抑制农业生产性投资，从而降低农业经营收益（Deininger et al.，2009；Deininger et al.，2011；李星光等，2019）。在当前农地产权制度安排下，农地租赁契约对农户家庭收入的影响路径主要有两条：一是农地市场化交易不仅有助于优化农地要素配置效率，而且有助于扩大土地经营规模，提高农业机械化水平，降低单位产品生产成本，实现规模经济效应，从而提高农业经营收入（田传浩等，2013；江激宇等，2018）；二是农地产权越稳定越有助于激励农业生产性投资，从而提高农业经营收入（黄季焜等，2012；Deininger et al.，2011；Fenske et al.，2011）。

第一，在农地租赁市场具有有效性的情境中，农户参与农地流转有助于改善农地要素配置效率，扩大土地经营规模，提高农业生产机械化水平，最终提高农业生产收入，降低非农工资性收入。新制度经济学认为，清晰界定和有法律保障的农地产权制度有利于降低农户参与农地租赁市场的交易成本，是培育农地租赁市场的前提条件（程令国等，2016）。在农地租赁市场具有有效性的情境中，农地租赁契约对农业生产收入的影响机制包括：一方面，发育良好且有效的农地租赁市场有助于把农地要素由低生产效率农户配置给高生产效率农户，改善农地要素配置效率，从而提高农业生产收入（田传浩等，2013；江激宇等，2018；Chari et al.，2017）；另一方面，农户参与农地流转有助于扩大土地经营规模，减轻农地细碎化程度，提高农业机械化水平，获得农业规模经济效应，从而提高农业生产收入（诸培新等，2017；许庆等，2011）。还应指出的是，农户通常在家庭内部配置劳动力要素，在家庭农业劳动力总量保持不变的条件下，土地经营规模扩大意味着家庭农业劳动力数量增加，而配置于非农就业的家庭劳动力数量减少，从而降低非农工资性收入。

第二，农地产权越稳定越有助于降低其他当事人侵权可能性，提高农业生产性投资剩余索取权安全性预期，激励农业生产性投资，从而提高农业生产收入。值得注意的是，农地是典型的不动产，投资回收期限普遍较长，其他当事人侵权可能性越高越有助于降低及时收回农业生产性投资收益的预期，不利于激励生产性投资（李星光等，2019）。理论上，如果预期到无法获得农业生产性投资的完全剩余索取权，农户通常减少生产性投资，从而降低农业生产收入。而明晰的农地权属关系结构反映农地产权较稳定，有助于增加其他当事人侵权行为的成本，提高生产性投资剩余索取权安全性预期，激励生产性投资（李星光等，2019；Rao et al.，2016；Lyu et al.，2019）。换言之，农地产权风险较高类似于征收"随机税"，不利于农户获得生产性投资完全剩余索取权，抑制生产性投资激励，从而降低农业生产收入（仇焕广等，2017）。在中国农地产权制度不完善的情境中，农户参与农地流转导致租赁地产权风险较高，难以及时收回租赁地农业生产性投资成本，降低租赁地生产性投资的激励，从而减少租赁地农业生产收入（黄季焜等，2012；许庆等，2011；Muraoka et al.，2018）。可见，不完善的农地产权制度导致租赁地和自有地产权风险的差异，不利于降低租赁地产权风险预期，抑制了租赁地生产性投资，从而减少租赁地农业生产收入。

在农地产权模糊的情境中，有效且完善的农地产权执行有助于降低农地产权制度不完善导致的农地产权风险，从而激励租赁地生产性投资，提高农业生产收入（仇焕广等，2017；李星光等，2019）。契约经济学认为，如果农地交易双方有能力预见到未来所有可能的自然状态，并在事前规定交易双方各自的权利、责任和义务,此时农地租赁契约具有帕累托最优属性(聂辉华,2017;俞海等,2003),交易双方有动力共同遵守农地租赁契约,降低交易双方侵权等机会主义行为发生率,从而激励生产性投资,提高农业生产收入。可见,完全的农地租赁契约有助于降低农地产权制度不完善导致的农地产权风险,改善农户福利水平。然而,外部环境的复杂性和不确定性造成实践中多数农地租赁契约是不完全的,此时从事专用性资产投资的农地交易者面临被其他当事人事后"敲竹杠"的风险,难以有效防范农地交易当事人的事后机会主义行为,降低生产性投资剩余索取权安全性预期,从而抑制生产性投资激励(聂辉华,2017;李星光等,2019),减少农业生产收入。

契约期限和契约形式是反映产权执行层面农地产权风险的重要代理变量(田传浩等,2013;仇焕广等,2017)。一方面,在法律制度具有有效性的情境中,契约期限越长越有助于减少交易当事人事后"敲竹杠"导致的生产无效率(李星光等,2019)。经验研究表明,事前专用性投资越多越要求长期的交易期限(罗必良,2014),流转期限越长越能激励农户从事生产性投资,提高农业生产收入。另一方面,与口头协议相比,书面合同及其条款更为正式,对农地流转租金形式、流转期限和违约解决方式等的规定更为详尽,有助于规范农地交易双方的市场交易行为,提高农户生产性投资剩余索取权安全性预期(仇焕广等,2017),从而提高农业生产收入。还应指出的是,在法律制度具有有效性的情境中,农地租赁契约包含违约惩罚条款有助于减少农地交易者违约行为产生的收益,降低农户农地产权风险预期,提高农业经营收入。然而,在计划经济向市场经济转型过程中,法律制度有效性不足导致违约受害方通常难以获得符合效率标准的损害赔偿金,不利于改善农地产权风险预期,从而降低农业经营收入。

基于此,可提出如下研究假说:①专业化农户参与农地租赁市场不仅有助于改善农地要素配置效率,还有助于扩大农地经营规模,从而增加农业经营收入;②与自有地相比,租赁地产权稳定性较弱,不利于激励农业生产性投资,从而降低农业经营收入;③农地流转期限延长,农地交易双方采用书面合同,以及农地租赁契约包含违约惩罚条款,均反映农地产权稳定性增强,有助于激励生产性投资,从而提高农业经营收入。

3.3　本章小结

以契约经济学为理论指导，以农地流转交易行为为基本研究单元，在产权制度不完善导致农地产权风险较高的情境中，从农地确权颁证改革和非正式规则角度，构建农地流转租金、流转规模和流转期限形成机制的理论框架，提出"农地确权颁证和第三方参与农地流转有助于提高农地流转租金"、"农地交易双方互惠关系越密切有助于降低农地流转租金"、"规范化的农地租赁契约和违约惩罚条款有助于提高农地流转租金，减弱正式产权制度和非正式规则对农地流转租金的影响""农地确权颁证、第三方参与农地流转和农地交易双方互惠关系密切有助于扩大农地流转规模"、"规范化的农地租赁契约和违约惩罚条款有助于扩大农地流转规模，减弱正式产权制度和非正式规则对农地流转规模的影响"、"农地确权颁证、第三方参与农地流转和农地交易双方互惠关系密切有助于延长流转期限"，以及"规范化的农地租赁契约和违约惩罚条款有助于延长流转期限，减弱正式产权制度和非正式规则对流转期限的影响"等待检验的理论假说。

以新古典经济学和新制度经济学为理论指导，以苹果种植户为基本研究单元，在农地产权风险较高的情境中，构建农地租赁契约对农地长期投资、农业生产效率和农户家庭收入影响的理论框架，提出"农地流转有助于扩大农业经营规模，摊薄农地长期投资成本，促进农地长期投资"、"与自有地相比，租赁地产权稳定性较弱，降低租赁地农地长期投资"、"农地流转租金越高，越有助于及时收回农地长期投资成本，从而激励农地长期投资"、"农地租赁契约越稳定越有助于激励农地长期投资"以及"农地市场化配置有助于扩大土地经营规模，改善农地要素配置效率，提高农业生产效率和农业经营收入"、"与自有地相比，租赁地产权稳定性较弱，不利于激励农业生产性投资，从而降低租赁地农业生产效率和农业经营收入"、"农地租赁契约越稳定越有助于激励农业长期投资，从而提高农业生产效率和农业经营收入"等待检验的理论假说。

第 4 章　农地租赁契约形成机制：租金、规模与期限

本章以契约经济学为理论基础，基于对 762 户专业化苹果种植户和 465 份农地租赁契约的微观调查数据，从正式产权制度改革和非正式规则角度，检验农地确权颁证改革、第三方参与农地流转和农地交易双方互惠关系对农地流转租金、流转规模和流转期限的影响机制，并阐释农地租赁契约形式和违约惩罚条款的作用。为验证农地租赁契约形成机制的理论假说，采用双重差分法检验农地确权颁证对农地流转租金、流转规模和流转期限的影响，采用 OLS 模型检验非正式规则对农地流转租金、流转规模和流转期限的影响，并利用工具变量法解决非正式规则对农地流转租金、流转规模和流转期限影响的内生性问题。本章的目的在于揭示现阶段我国农地产权制度改革的实际政策效果，厘清农地租赁市场运行机理，为探索培育农地租赁市场、改善农业要素配置效率奠定基础，并试图解析土地要素的定价机制。

4.1　农地流转租金、流转规模和流转期限的实证模型

借鉴 Cheng et al.（2019）双重差分模型的处理方法，依据农地流转租金形成机制的理论分析结果，这里对式（3-7）进行线性化处理，基准模型可设定为：

$$r(R_{\text{post}}, x_{\text{T}}, x_{\text{C}}, z_1, \varepsilon) = \theta_0 + \theta_1 R_{\text{post}} + \theta_2 x_{\text{T}} + \theta_3 x_{\text{C}} + \theta_4 z_1 + \varepsilon$$

$$(4-1)$$

其中，r 是被解释变量，表示农地流转租金；R_{post} 是正式产权制度，表示农地交易双方是否确权颁证后签订农地租赁契约，$R_{\text{post}} = 1$ 表示确权颁证后农地交易双方签订租赁契约，$R_{\text{post}} = 0$ 表示确权颁证前农地交易双方签订

农地租赁契约；x_T 和 x_C 是非正式规则，分别表示第三方参与农地流转和农地交易双方互惠关系；z_1 是控制变量，包括农产品价格，农地流转规模，户主年龄、户主受教育年限和户主是否党员等户主特征，家庭农业劳动力占比、是否有农业机械等家庭特征，农地流转有无其他交易对象、农地流转是否转入户联系和农地流转是否转出户联系等交易特征，树龄、到最近硬化路的距离和能否灌溉等土地特征，区域特征（表 4-2）；θ_0 是截距项，ε 是随机误差项。

依据农地流转规模形成机制的理论分析结果，正式产权制度和非正式规则对农地流转规模影响的基准模型可设定为：

$$q(R_{post}, x_T, x_C, z_1, \Psi) = \mu_0 + \mu_1 R_{post} + \mu_2 x_T + \mu_3 x_C + \mu_4 z_1 + \Psi$$
$$(4-2)$$

其中，q 是被解释变量，表示农地流转规模；R_{post} 表示农地交易双方是否确权颁证后签订农地租赁契约；x_T 和 x_C 分别表示第三方参与农地流转和农地交易双方互惠关系；z_1 是控制变量，包括农产品价格，农地流转租金，户主年龄、户主受教育年限和户主是否党员等户主特征，家庭农业劳动力占比和是否有农业机械等家庭特征，农地流转有无其他交易对象、农地流转是否转入户联系和农地流转是否转出户联系等交易特征，树龄、到最近硬化路的距离和能否灌溉等土地特征，区域特征；μ_0 是截距项，Ψ 是随机误差项。

依据农地流转期限形成机制的理论分析结果，这里对式（3-9）进行线性化处理，并用式（4-1）表示农地流转租金，基准模型可设定为：

$$V_t^n(t; R_{post}, x_T, x_C, z_1, \delta_1) = \omega_0 + \omega_1 t + \omega_2 R_{post} + \omega_3 x_T + \omega_4 x_C + \omega_5 z_1 + \delta_1$$
$$(4-3)$$

$$V_t^a(t; R_{post}, x_T, x_C, z_1, \delta_2) = \beta_0 + \beta_1 t + \beta_2 R_{post} + \beta_3 x_T + \beta_4 x_C + \beta_5 z_1 + \delta_2$$
$$(4-4)$$

由式（4-3）和式（4-4）可得最优流转期限 t^* 的表达式为：

$$t^* = \alpha_0 + \alpha_1 R_{post} + \alpha_2 x_T + \alpha_3 x_C + \alpha_4 z_1 + \delta \qquad (4-5)$$

其中，t 是被解释变量，表示农地流转期限；ω_0、β_0 和 α_0 表示截距项，δ_1、δ_2 和 δ 表示随机误差项，ω、β 和 α 表示解释变量的系数，而式（4-5）的系数分别满足：$\alpha_0 = \dfrac{\omega_0 - \beta_0}{\beta_1 - \omega_1}$，$\alpha_1 = \dfrac{\omega_2 - \beta_2}{\beta_1 - \omega_1}$，$\alpha_2 = \dfrac{\omega_3 - \beta_3}{\beta_1 - \omega_1}$，$\alpha_3 = \dfrac{\omega_4 - \beta_4}{\beta_1 - \omega_1}$，

$\alpha_4 = \dfrac{w_5 - \beta_5}{\beta_1 - w_1}$ 和 $\delta = \dfrac{\delta_1 - \delta_2}{\beta_1 - w_1}$。还应指出的是，核心解释变量和控制变量的具体含义与式（4-1）的变量保持一致。

4.2　农地租赁契约特征及描述性统计分析

4.2.1　农地租赁契约基本特征

固定租金契约是苹果种植户农地租赁契约的主要租金形式。统计结果表明，实践中所有样本户并未采用分成契约形式，因此，固定租金是样本户主要的租金类型。进一步地，样本户采取有偿租赁的农地流转交易占86.24%，平均每年农地流转租金为 443.50 元/亩，92.59% 的样本户农地流转租金每年并未发生改变，而农地流转租金依据农地租赁市场行情确定。

苹果种植户农地流转期限具有长期化的特征。统计结果表明，农地租赁契约采用"一年一定"方式的比例仅占 6.9%，农地流转平均期限为15.45 年，其中不约定农地流转期限的比例为 21.29%，流转期限在 5 年及以下的比例为 8.82%，流转期限在 15 年及以上的比例为 52.26%，反映农地租赁契约趋于长期化。

苹果种植户农地租赁契约形式具有正规化、规范化的特征。统计结果表明，农地流转过程中使用书面契约的比例为 68.39%，其中，34.84% 的样本户农地租赁契约包含违约惩罚条款，33.33% 的样本户农地租赁契约获得相关公证部门签字或盖章，反映农地租赁契约趋于正规化。

苹果种植户参与农地租赁市场的交易范围局限于熟人社会共同体内部，导致农地流转交易过程比较简单。这里借鉴侯建昀等（2016）的分类方法，把农地租赁市场交易成本分为搜寻成本、谈判成本和监督及执行成本，分别用农地流转范围表征农地租赁市场搜寻成本，用谈判耗时、谈判费用和流转程序复杂程度表征农地租赁市场谈判成本，用是否发生过纠纷和纠纷是否有赔偿表征农地租赁市场监督及执行成本（表 4-1）。统计结果表明，样本户参与农地租赁交易的范围大多局限于本行政村内部，平均谈判时间为5.09 天，平均交通费用和通信费用为 28.94 元，平均餐饮费用为 23.21 元，85.59% 的样本户认为农地流转程序比较简单，而在参与农地租赁市场的过程中，3.23％的样本户发生过农地流转违约纠纷，仅有0.22％的样本户获得农地流转违约赔偿。

不同类型农地租赁契约的交易成本具有差异性。从是否零租金契约角度，与非零租金契约相比，零租金契约农地流转范围更狭窄；从是否约定流转期限角度，与不约定流转期限相比，约定流转期限的农地流转范围更广，流转过程的交通费、通信费及餐饮费用更高，农地流转程序更复杂；从租赁契约类型角度，与口头契约相比，书面契约的农地流转范围更广，流转过程谈判耗时及餐饮费用更高，农地流转程序更复杂（表4－1）。

还应指出的是，保证果树成活率（30.75％）、保持地面附属物完好（21.50％）、流转到期后优先租赁权（19.57％）以及保持土壤肥力（19.14％）是样本户农地租赁契约的主要协议内容。

4.2.2　变量选择及描述性统计分析

表4－2给出被解释变量、核心解释变量和控制变量的含义和描述性统计分析结果。进行土地确权登记颁证的农户占79.6％，确权颁证后签订农地租赁契约的农户占57.2％，有担保人在场的农地流转占62.8％，而农地交易对象在日常生活中相互馈赠或帮工的仅占7.1％。

（1）被解释变量。这里选择农地流转租金对数值、农地流转规模对数值和农地流转期限对数值分别表征农地流转租金、流转规模和流转期限。

（2）核心解释变量。这里选择是否农地确权颁证后签订农地租赁契约表征正式产权制度改革，这是因为已确权登记颁证变量可能包含调研时点已完成农地确权颁证，但农地租赁契约的签订发生在确权颁证之前的农户，而农地确权颁证之前完成农地租赁契约的签订实际上等同于未确权颁证签订农地租赁契约。因此，利用是否农地确权颁证后签订农地租赁契约变量更"干净"。选择是否有第三方参与农地流转和农地交易双方互惠关系表征非正式规则，这是因为第三方参与农地流转是熟人社会共同体内部普遍存在的第三方担保机制或惩罚机制，而农地交易双方互惠关系直接测量熟人社会共同体内部普遍存在的关联博弈机制和重复博弈机制，有助于准确捕获熟人社会共同体内部彼此互利互惠关系的实质。

（3）控制变量。借鉴侯建昀等（2016）、李星光等（2016）的研究，选

表 4 - 1 不同类型农地租赁契约交易成本的比较

变量	零租金契约 (1)	非零租金契约 (2)	Diff (3)=(1)-(2)	不约定期限 (4)	约定期限 (5)	Diff (6)=(4)-(5)	口头契约 (7)	书面契约 (8)	Diff (9)=(7)-(8)
流转范围	1.281 (0.088)	1.521 (0.045)	-0.240** (0.117)	1.364 (0.077)	1.522 (0.047)	-0.158* (0.099)	1.333 (0.051)	1.560 (0.054)	-0.227*** (0.087)
谈判耗时	1.860 (0.526)	5.608 (1.798)	-3.748 (4.511)	1.989 (0.427)	5.931 (1.969)	-3.942 (3.795)	1.421 (0.250)	6.789 (2.263)	-5.368* (3.336)
交通、通信费	0.956 (0.794)	33.401 (10.263)	-32.445 (25.714)	1.768 (0.757)	36.284 (11.233)	-34.516* (21.619)	8.103 (6.831)	38.566 (12.543)	-30.463 (19.033)
餐饮费	3.828 (3.192)	26.300 (8.193)	-22.472 (20.541)	3.030 (2.249)	28.665 (8.953)	-25.635* (17.268)	2.347 (1.545)	32.850 (10.286)	-30.503** (15.173)
流转复杂程度	1.422 (0.124)	1.636 (0.057)	-0.214 (0.151)	1.374 (0.088)	1.669 (0.061)	-0.295** (0.127)	1.313 (0.069)	1.742 (0.068)	-0.429*** (0.111)
是否发生纠纷	0.016 (0.016)	0.035 (0.009)	-0.019 (0.419)	0.020 (0.014)	0.036 (0.010)	-0.016 (0.020)	0.014 (0.010)	0.041 (0.011)	-0.027 (0.018)

注：流转范围赋值为：自然村内=1，行政村内=2，本乡外村=3，本县外乡=4，本省外县=5，外省=6；流转过程复杂程度赋值为：非常简单=1，比较简单=2，一般=3，比较复杂=4，非常复杂=5；是否发生过纠纷赋值为：是=1，否=0。（1）~（9）列给出契约不同定期限和不约定期限交易成本的特征差异，第（3）列给出零租金契约和非零租金契约交易成本的特征差异，第（6）列给出约定定期限和不约定定期限交易成本的特征差异，最后一列给出口头契约和书面契约交易成本的特征差异。并进行 t 检验。此外，*、** 和 *** 分别表示 10%，5% 和 1% 的显著性水平。

择户主年龄、户主受教育年限和户主是否党员反映户主人力资本质量，选择农业劳动力占比反映家庭人力资本数量，选择家庭是否有农业机械反映家庭农业生产机械化水平，选择农地流转时是否还有其他可能流转对象、农地流转是否转出户主动联系以及农地流转是否转入户主动联系反映农户参与农地租赁市场谈判能力，选择果园树龄反映苹果树特征，选择离最近硬化路的距离反映土地交通便利程度，选择土地能否灌溉反映土地灌溉便利程度。

表4-2　描述性统计分析结果

变量名称	指标	赋值	均值	标准差
被解释变量				
农地流转租金	农地流转租金	农地流转租金对数值	4.878	2.219
农地流转期限	农地流转期限	农地流转期限对数值	2.226	1.334
农地流转规模	农地流转规模	农地流转规模对数值	0.997	1.034
核心解释变量				
正式产权制度	是否确权颁证后签订契约	是＝1，否＝0	0.572	0.495
非正式规则	是否有第三方参与农地流转	租赁土地时有担保人参与＝1，租赁土地时无担保人参与＝0	0.628	0.484
	农地交易双方互惠关系	日常生活中相互馈赠或帮工＝1，日常生活中不会相互馈赠或帮工＝0	0.071	0.257
控制变量				
契约形式	是否签订书面合同	是＝1，否＝0	0.684	0.465
契约条款	是否有违约惩罚条款	有违约惩罚条款＝1，无违约惩罚条款＝0	0.348	0.477
农产品价格	农产品价格	苹果平均价格（元/斤①）	2.064	0.708
户主特征	年龄	年	52.202	10.020
	受教育年限	年	7.280	3.323
	是否党员	是＝1，否＝0	0.127	0.334
家庭特征	农业劳动力占比	家庭农业劳动力数/家庭总人口数	0.570	0.234
	是否有农业机械	是＝1，否＝0	0.899	0.812

（续）

变量名称	指标	赋值	均值	标准差
交易特征	农地流转发生时是否还有其他可能的流转对象	是＝1，否＝0	0.260	0.439
	农地流转是否转出户主动联系	是＝1，否＝0	0.551	0.498
	农地流转是否转入户主动联系	是＝1，否＝0	0.228	0.420
土地特征	果园树龄	年	15.675	9.623
	到最近硬化路的距离	千米	0.678	1.519
	是否能灌溉	是＝1，否＝0	0.514	0.500
区域特征	山东省	是＝1，否＝0	0.467	0.499
	陕西省（参照组）	是＝1，否＝0	0.532	0.499

注：1斤＝0.5千克。

表4-3给出农地产权制度改革与非正式规则的特征差异比较。结果表明，从农地确权颁证角度，确权户和未确权户在户主特征、家庭特征、土地特征、农地租赁契约形式及违约惩罚条款等方面均不存在显著差异。因此，农地确权颁证的选择问题并不严重，这与程令国等（2016）的研究结论相一致。从第三方参与农地流转角度，第三方参与农地流转和第三方不参与农地流转的样本户在户主党员身份、农地流转规模、土地能否灌溉、农地租赁契约形式及有无违约惩罚条款等方面存在显著差异。从日常生活中彼此帮工或馈赠角度，日常生活中彼此帮工或馈赠的样本户和日常生活中并未彼此帮工或馈赠的样本户在户主年龄、农地流转规模、土地能否灌溉、农地租赁契约形式及有无违约惩罚条款等方面存在显著差异。因此，本研究利用工具变量法进行稳健性检验。

4.3　实证结果与分析

4.3.1　农地流转租金形成机制

表4-4给出农地确权颁证和非正式规则对农地流转租金影响的估计结

表4-3 农地确权颁证、第三方参与及日常生活馈赠或帮工的特征差异比较

变量	确权户 (1)	未确权户 (2)	Diff (1)-(2)	第三方参与 (4)	第三方未参与 (5)	Diff (4)-(5)	馈赠或帮工 (7)	未馈赠或帮工 (8)	Diff (7)-(8)
户主年龄	50.324 (0.498)	50.747 (1.047)	-0.423 (1.117)	49.907 (0.583)	51.260 (0.699)	-1.353 (0.930)	53.242 (1.491)	50.194 (0.469)	3.048* (1.748)
户主受教育年限	7.622 (0.165)	7.400 (0.341)	0.222 (0.368)	7.562 (0.193)	7.601 (0.231)	-0.039 (0.307)	7.061 (0.663)	7.616 (0.152)	-0.555 (0.578)
户主党员身份	0.124 (0.017)	0.095 (0.030)	0.029 (0.037)	0.147 (0.021)	0.069 (0.019)	0.078*** (0.031)	0.152 (0.063)	0.116 (0.015)	0.036 (0.058)
农地流转规模	2.065 (0.036)	2.086 (0.099)	-0.021 (0.086)	2.224 (0.039)	1.808 (0.061)	0.416*** (0.069)	2.296 (0.134)	2.052 (0.036)	0.244* (0.135)
农产品价格	2.073 (0.037)	2.030 (0.071)	0.043 (0.082)	2.066 (0.043)	2.062 (0.051)	0.004 (0.068)	2.011 (0.114)	2.068 (0.034)	-0.057 (0.128)
硬化路距离	0.650 (0.082)	0.798 (0.130)	-0.148 (0.175)	0.788 (0.108)	0.497 (0.050)	0.291 (0.146)	0.482 (0.124)	0.695 (0.075)	-0.213 (0.275)
土地能否灌溉	0.527 (0.026)	0.474 (0.051)	0.053 (0.058)	0.473 (0.029)	0.590 (0.038)	-0.117*** (0.048)	0.727 (0.079)	0.500 (0.024)	0.227*** (0.090)

（续）

变量	确权户 (1)	未确权户 (2)	Diff (1) − (2)	第三方参与 (4)	第三方未参与 (5)	Diff (4) − (5)	馈赠或帮工 (7)	未馈赠或帮工 (8)	Diff (7) − (8)
树龄	15.916 (0.497)	14.716 (1.001)	1.200 (1.104)	16.017 (0.581)	15.087 (0.685)	0.930 (0.921)	13.515 (2.311)	15.836 (0.446)	−2.321 (1.733)
农业劳动力占比	0.557 (0.011)	0.565 (0.023)	−0.008 (0.024)	0.562 (0.013)	0.553 (0.015)	0.009 (0.020)	0.571 (0.051)	0.558 (0.010)	0.013 (0.038)
农地租赁契约形式	0.695 (0.024)	0.642 (0.049)	0.053 (0.054)	0.856 (0.021)	0.393 (0.037)	0.463*** (0.039)	0.848 (0.063)	0.671 (0.023)	0.177** (0.084)
违约惩罚条款	0.349 (0.025)	0.347 (0.049)	0.002 (0.055)	0.490 (0.029)	0.110 (0.024)	0.380*** (0.042)	0.485 (0.088)	0.338 (0.023)	0.147* (0.086)

注：括号内是标准差。*、**和***分别表示10%、5%和1%的显著性水平。

果,而表4-5给出农地租赁契约形式和违约惩罚条款对农地流转租金影响的估计结果。模型1给出农地确权颁证和非正式规则对农地流转租金的影响。为避免可能存在的样本选择偏误,模型2使用Heckman模型进行稳健性检验。农地确权颁证是当前最重要的农地产权制度改革,而正式产权制度改革与非正式规则兼容性关系到产权制度改革的有效性。模型3和模型4分别给出确权颁证后签订契约农户和其他农户的非正式规则对农地流转租金的影响。借鉴Baron et al.(1986)的中介效应模型,模型5在模型1的基础上加入农地租赁契约形式变量,而模型9给出农地确权颁证和非正式规则对农地租赁契约形式的影响。进一步地,模型6给出农地租赁契约形式与农地确权颁证、非正式规则的交互项对农地流转租金的影响。类似地,模型7在模型1的基础上加入农地租赁契约是否包含违约惩罚条款变量,而模型10给出农地确权颁证和非正式规则对农地租赁契约是否包含违约惩罚条款的影响。进一步地,模型8给出违约惩罚条款与农地确权颁证、非正式规则的交互项对农地流转租金的影响。

模型1的结果表明,农地确权颁证有助于提高农地流转租金,且在1%的置信水平上显著,这与程令国等(2016)的研究结论相一致。与未确权户相比,确权户农地流转租金提高102.38%。类似地,担保人参与农地流转交易有助于显著提高农地流转租金,与担保人未参与农地流转相比,担保人参与农地流转情境中农地流转租金提高34.85%。调查数据表明,村干部和村中有威望的人是当前农村社会主要的担保人类型,分别占56.31%和22.15%。然而,日常生活中交易双方彼此馈赠或帮工有助于农地流转租金降低43.45%,且在10%的置信水平上显著,这与Gao et al.(2012)利用零租金或低租金方式换取农地交易对象合作行为的研究结论相一致。模型2的结果表明,上述研究结果是稳健的,依据逆米尔斯比率可知,这里样本选择偏误并不显著。模型3和模型4的结果表明,农地确权颁证强化农地交易双方彼此馈赠或帮工对农地流转租金的抑制作用。可能的原因是,在农村社会保障体系尚不健全的情境中,农地确权颁证明晰农地权属关系结构,有助于改善相关法律条款的有效性,增加农户非农就业失业后及时收回土地的成本,而农地交易双方彼此馈赠或帮工有助于农户及时收回土地,农地确权后转出户可能诉诸非正式机制。

表 4 - 4　农地确权颁证和非正式规则对农地流转租金影响的估计结果

变量	模型 1 （全样本）	模型 2 （全样本）	模型 3 （确权后签约户）	模型 4 （其他户）
确权颁证后签订农地租赁契约	0.705 *** (0.169)	0.688 *** (0.160)	—	—
担保人参与农地流转	0.299 * (0.177)	0.303 * (0.171)	0.368 (0.238)	0.108 (0.270)
是否馈赠或帮工	−0.570 * (0.342)	−0.568 * (0.302)	−0.856 * (0.517)	−0.465 (0.420)
户主年龄	−0.006 (0.009)	−0.035 (0.024)	0.002 (0.011)	−0.015 (0.015)
户主受教育年限	−0.025 (0.028)	0.014 (0.043)	−0.005 (0.030)	−0.039 (0.044)
户主是否党员	−0.093 (0.279)	−0.247 (0.319)	−0.359 (0.327)	0.415 (0.439)
家庭农业劳动力占比	−0.809 * (0.423)	−0.874 ** (0.377)	−1.191 * (0.625)	−0.459 (0.615)
农产品价格	−0.332 *** (0.118)	−0.329 *** (0.125)	−0.088 (0.147)	−0.668 *** (0.190)
流转规模	1.828 *** (0.220)	1.858 *** (0.125)	2.265 *** (0.339)	1.740 *** (0.217)
树龄	0.047 *** (0.009)	0.046 *** (0.009)	0.029 *** (0.010)	0.072 *** (0.014)
到最近硬化路的距离	−0.187 * (0.090)	−0.186 *** (0.052)	−0.093 * (0.049)	−0.470 *** (0.167)
是否能灌溉	0.489 ** (0.229)	0.534 ** (0.219)	0.382 * (0.215)	0.776 ** (0.394)
是否还有其他可能的流转对象	0.181 (0.176)	0.187 (0.183)	0.070 (0.219)	0.252 (0.310)
农地流转是否转出户主动联系	−0.252 (0.189)	−0.257 (0.202)	0.183 (0.217)	−0.772 (0.304)
农地流转是否转入户主动联系	0.193 (0.236)	0.199 (0.244)	0.298 (0.292)	−0.016 (0.366)
地区特征	0.475 (0.215)	0.140 (0.360)	0.475 * (0.257)	0.511 (0.371)

（续）

变量	模型 1 （全样本）	模型 2 （全样本）	模型 3 （确权后签约户）	模型 4 （其他户）
常数项	1.167 (0.875)	1.161 (0.841)	0.171 (1.138)	2.392 (1.225)
R-squared	0.440	—	0.434	0.502
逆米尔斯比率	—	2.170 (1.616)	—	—
观测值	465	762	266	199

注：括号内为稳健标准误。*、** 和 *** 分别表示 10%、5% 和 1% 的显著性水平。为节省篇幅，这里并未汇报 Heckman 两阶段模型第一阶段的估计结果。

值得注意的是，农地确权颁证与非正式规则可能影响农地租赁契约形式的选择，而契约形式选择决定农地产权风险。模型 9 的结果表明，担保人参与农地流转和日常生活中交易双方彼此馈赠或帮工有助于签订书面合同，且分别在 1% 和 5% 的置信水平上显著，表明非正式规则影响农地租赁契约形式的选择。进一步地，模型 5 在模型 1 的基础上引入农地租赁契约形式变量。结果表明，签订书面合同有助于显著提高农地流转租金，但担保人参与农地流转对农地流转租金的影响不再显著，第三方参与可能实际上发挥违约规制功能。模型 1、模型 5 和模型 9 的结果表明，农地租赁契约形式是第三方参与农地流转影响农地流转租金的中介变量。为分析农地租赁契约形式对流转租金的影响，模型 6 引入租赁契约形式与农地确权颁证、非正式规则的交互项，结果表明，签订书面合同显著减弱日常生活中交易双方彼此馈赠或帮工对农地流转租金的作用。

与之类似，农地确权颁证与非正式规则可能影响农地租赁契约违约惩罚条款的选择，而农地租赁契约条款选择决定农地产权风险。模型 10 的结果表明，担保人参与农地流转和日常生活中交易双方彼此馈赠或帮工有助于签订违约惩罚条款，且分别在 1% 和 10% 的置信水平上显著，表明非正式规则影响农地租赁契约条款的形成过程。进一步地，模型 7 在模型 1 的基础上引入违约惩罚条款变量，结果表明，违约惩罚条款有助于提高农地流转租金，但担保人参与农地流转对农地流转租金的影响不再显著，同样表明第三方参与发挥违约规制功能。模型 1、模型 7 和模型 10 的结果表明，违约惩罚条款是第三方参与农地流转影响农地流转租金的中介变量。为分析违约惩罚条款的作用，这里引入违约惩罚条款与农地确权颁证、非正式规则的交互项。模型8的结果表明，违约惩罚条款显著减弱日常生活中交易双方彼此馈赠或帮工对农地流转租金的作用。

表4-5 契约形式和违约惩罚条款对农地流转租金形成机制影响的估计结果

变量	农地流转租金				租赁契约形式	是否有惩罚条款
	模型5	模型6	模型7	模型8	模型9	模型10
确权颁证后签订农地租赁契约	0.680***	0.736**	0.685***	0.728***	0.428	0.252
	(0.167)	(0.318)	(0.167)	(0.210)	(0.269)	(0.241)
担保人参与农地流转	0.142	0.074	0.147	0.104	1.971***	1.798***
	(0.187)	(0.324)	(0.178)	(0.209)	(0.267)	(0.285)
是否馈赠或帮工	−0.647*	0.303	−0.642*	0.009	1.306**	0.820*
	(0.339)	(0.345)	(0.347)	(0.337)	(0.644)	(0.486)
农地租赁契约形式	0.443**	0.507	—	—	—	—
	(0.206)	(0.350)				
契约形式×确权颁证后签订契约	—	−0.088				
		(0.363)				
契约形式×担保人参与		0.081				
		(0.384)				
契约形式×是否馈赠或帮工		−1.138**				
		(0.529)				
违约惩罚条款	—	—	0.513***	0.719**		
			(0.165)	(0.363)		
违约惩罚条款×确权颁证后签订契约				−0.133		
				(0.328)		
违约惩罚条款×担保人参与				0.003		
				(0.373)		
违约惩罚条款×是否馈赠或帮工				−1.401**		
				(0.668)		
户主年龄	−0.004	−0.004	−0.004	−0.003	−0.029**	−0.018
	(0.009)	(0.009)	(0.009)	(0.009)	(0.015)	(0.014)
户主受教育年限	−0.023	−0.025	−0.030	−0.026	−0.026	0.051
	(0.028)	(0.028)	(0.028)	(0.028)	(0.043)	(0.038)

（续）

变量	农地流转租金				租赁契约形式	是否有惩罚条款
	模型 5	模型 6	模型 7	模型 8	模型 9	模型 10
户主是否党员	−0.127	−0.136	−0.151	−0.166	0.416	0.557*
	(0.278)	(0.282)	(0.278)	(0.282)	(0.424)	(0.330)
农业劳动力占比	−0.876**	−0.871**	−0.868**	−0.920**	1.199*	0.670
	(0.419)	(0.417)	(0.422)	(0.420)	(0.690)	(0.568)
农产品价格	−0.319***	−0.311***	−0.318***	−0.306***	−0.121	−0.179
	(0.118)	(0.118)	(0.118)	(0.116)	(0.227)	(0.168)
农地流转规模	1.775***	1.780***	1.791***	1.792***	0.881***	0.596**
	(0.221)	(0.225)	(0.219)	(0.219)	(0.251)	(0.258)
树龄	0.046***	0.046***	0.046***	0.046***	0.023	0.021*
	(0.009)	(0.008)	(0.009)	(0.008)	(0.015)	(0.012)
到最近硬化路的距离	−0.188**	−0.190**	−0.202**	−0.208**	0.027	0.161**
	(0.090)	(0.091)	(0.090)	(0.093)	(0.083)	(0.079)
是否能灌溉	0.572**	0.590***	0.512**	0.527**	−1.146***	−0.428
	(0.234)	(0.238)	(0.227)	(0.229)	(0.360)	(0.343)
是否还有其他可能的流转对象	0.203	0.204	0.173	0.186	−0.363	0.082
	(0.176)	(0.175)	(0.174)	(0.174)	(0.289)	(0.266)
农地流转是否转出户主动联系	−0.205	−0.212	−0.189	−0.200	−0.926**	−0.601**
	(0.188)	(0.188)	(0.191)	(0.189)	(0.429)	(0.282)
农地流转是否转入户主动联系	0.264	0.256	0.230	0.216	−1.311***	−0.260
	(0.237)	(0.238)	(0.232)	(0.230)	(0.477)	(0.337)
地区特征	0.410*	0.413	0.422**	0.420*	0.969	0.806**
	(0.216)	(0.218)	(0.212)	(0.214)	(0.367)	(0.362)
常数项	0.954	0.925	1.142	1.042	−0.350	−3.192***
	(0.872)	(0.878)	(0.879)	(0.887)	(1.494)	(1.191)
R-squared	0.446	0.448	0.450	0.456	—	—
观测值	465	465	465	465	465	465

注：括号内为稳健标准误。*、** 和 *** 分别表示10%、5%和1%的显著性水平。

4.3.2 农地流转规模形成机制

表 4-6 给出农地确权颁证和非正式规则对农地流转规模影响的估计结果，而表 4-7 给出农地租赁契约形式和违约惩罚条款对农地流转规模影响的估计结果。模型 11 给出农地确权颁证和非正式规则对农地流转规模的影响。模型 12 和模型 13 分别给出确权颁证后签订契约农户和其他农户的非正式规则对农地流转规模的影响。借鉴 Baron et al.（1986）的中介效应模型，模型 14 在模型 11 的基础上引入农地租赁契约形式变量，而模型 15 给出农地租赁契约形式与农地确权颁证、非正式规则的交互项对农地流转规模的影响。类似地，模型 16 在模型 11 的基础上引入农地租赁契约是否包含违约惩罚条款变量，而模型 17 给出违约惩罚条款与农地确权颁证、非正式规则的交互项对农地流转规模的影响。

模型 11 的结果表明，农地确权颁证在 1% 的置信水平上显著促进农地流转规模，这与马贤磊等（2015）农地产权稳定有助于培育农地租赁市场的研究结论相一致。这可能是因为，农地确权颁证明晰农地权属关系结构，降低农地产权风险预期，提高农地租赁市场交易效率。类似地，第三方参与农地流转显著促进农地流转规模，这可能是因为，第三方参与农地流转提高农地流转违约行为的成本，降低农地产权风险预期。然而，农地交易双方互惠关系密切对农地流转规模的正向影响并不显著，这可能是因为，农地交易双方互惠关系密切不利于扩大农地流转范围，交易对象局限于亲朋好友内部，不利于扩大流转规模。进一步地，模型 12 和模型 13 的结果表明，农地确权颁证显著降低第三方参与农地流转和农地交易双方互惠关系密切对农地流转规模的促进作用，这可能是因为农地确权颁证改善法律法规条款的有效性，降低非正式规则的作用。

表 4-6 农地确权颁证和非正式规则对农地流转规模影响的估计结果

变量	模型 11 （全样本）	模型 12 （确权后签约户）	模型 13 （其他户）
确权颁证后签订农地租赁契约	0.200 *** (0.097)	—	—

（续）

变量	模型 11 （全样本）	模型 12 （确权后签约户）	模型 13 （其他户）
担保人参与农地流转	0.154 **	0.049	0.269 **
	(0.069)	(0.085)	(0.113)
是否馈赠或帮工	0.407	0.227	0.576 **
	(0.152)	(0.155)	(0.249)
户主年龄	−0.015 ***	−0.010 **	−0.019 ***
	(0.004)	(0.004)	(0.007)
户主受教育年限	0.011	−0.008	0.029 *
	(0.012)	(0.014)	(0.018)
户主是否党员	0.284 **	0.269 **	0.226
	(0.119)	(0.118)	(0.240)
家庭农业劳动力占比	0.428 **	0.296	0.530 **
	(0.183)	(0.257)	(0.263)
农产品价格	0.143 ***	0.071	0.248 ***
	(0.051)	(0.061)	(0.089)
农地流转租金	−0.005	−0.002	0.001
	(0.014)	(0.020)	(0.022)
树龄	−0.014 ***	−0.009 *	−0.019 ***
	(0.004)	(0.005)	(0.007)
到最近硬化路的距离	0.086 **	0.031 *	0.219 ***
	(0.041)	(0.018)	(0.078)
是否能灌溉	−0.193 *	−0.313 **	−0.054
	(0.107)	(0.126)	(0.152)
是否还有其他可能的流转对象	0.045	0.128	−0.079
	(0.080)	(0.099)	(0.134)
农地流转是否转出户主动联系	−0.251 ***	−0.321 ***	−0.103
	(0.087)	(0.097)	(0.164)
农地流转是否转入户主动联系	−0.194 *	−0.200	−0.136
	(0.115)	(0.134)	(0.193)

（续）

变量	模型 11 （全样本）	模型 12 （确权后签约户）	模型 13 （其他户）
地区特征	−0.491***	−0.395***	−0.557***
	(0.112)	(0.136)	(0.160)
常数项	2.363***	2.373***	1.957***
	(0.316)	(0.349)	(0.560)
R-squared	0.342	0.311	0.443
观测值	465	266	199

注：括号内为稳健标准误。*、** 和 *** 分别表示 10%、5% 和 1% 的显著性水平。为节省篇幅，这里并未汇报 Heckman 两阶段模型第一阶段的估计结果。

模型 14 的结果表明，农地租赁契约形式趋于规范化有助于显著促进农地流转规模，这可能是因为签订书面合同可以提高正式法律法规的执行效率，降低农地产权风险预期，但第三方参与农地流转对流转规模的促进作用不再显著，表明契约形式是第三方参与农地流转对流转规模影响的中介变量。进一步地，模型 15 的结果表明，签订书面合同显著降低第三方参与农地流转和农地交易双方互惠关系密切对农地流转规模的正向影响，这可能是因为签订书面合同降低第三方法庭执行机制的成本，降低非正式规则的作用。类似地，模型 16 的结果表明，违约惩罚条款有助于显著促进农地流转规模，这可能是因为违约惩罚条款提高了农地流转违约纠纷的成本，降低农地产权风险预期，但第三方参与农地流转对流转规模的促进作用不再显著，表明第三方参与实际发挥违约规制功能。进一步地，模型 17 的结果表明，违约惩罚条款显著降低第三方参与农地流转对农地流转规模的正向影响，这可能是因为违约惩罚条款提高了农地流转违约纠纷的成本，降低了农地产权风险预期，减弱非正式规则的作用。

表 4-7　契约形式和违约惩罚条款对农地流转规模影响的估计结果

变量	模型 14	模型 15	模型 16	模型 17
确权颁证后签订农地租赁契约	0.202***	0.125	0.201***	0.190*
	(0.070)	(0.109)	(0.070)	(0.082)
担保人参与农地流转	0.093	0.037	0.070	0.105
	(0.086)	(0.122)	(0.080)	(0.080)

（续）

变量	模型 14	模型 15	模型 16	模型 17
是否馈赠或帮工	0.388 **	0.004	0.296 ***	0.264
	(0.153)	(0.206)	(0.152)	(0.183)
农地租赁契约形式	0.121 *	0.020	—	—
	(0.073)	(0.133)		
契约形式×确权颁证后签订契约	—	−0.114		
		(0.139)		
契约形式×担保人参与	—	−0.256 *		
		(0.148)		
契约形式×是否馈赠或帮工	—	−0.489 *		
		(0.269)		
违约惩罚条款	—	—	0.134 *	0.110
			(0.072)	(0.211)
违约惩罚条款×确权后签订契约				−0.039
				(0.156)
违约惩罚条款×担保人参与	—	—	—	−0.207 **
				(0.104)
违约惩罚条款×是否馈赠或帮工	—	—	—	−0.334
				(0.317)
户主年龄	−0.014 ***	−0.014 ***	−0.014 ***	−0.015 ***
	(0.004)	(0.004)	(0.004)	(0.004)
户主受教育年限	0.011	0.013	0.010	0.009
	(0.012)	(0.012)	(0.012)	(0.012)
户主是否党员	0.276 **	0.283 **	0.276 **	0.275 **
	(0.119)	(0.118)	(0.119)	(0.118)
家庭农业劳动力占比	0.410 **	0.413 **	0.418 **	0.428 **
	(0.184)	(0.185)	(0.184)	(0.186)
农产品价格	0.144 ***	0.143 ***	0.144 ***	0.143 ***
	(0.051)	(0.051)	(0.051)	(0.051)
农地流转租金	−0.008	−0.008	−0.007	−0.006
	(0.015)	(0.015)	(0.015)	(0.015)
树龄	−0.014 ***	−0.014 ***	−0.014 ***	−0.014 ***
	(0.004)	(0.004)	(0.004)	(0.004)

（续）

变量	模型 14	模型 15	模型 16	模型 17
到最近硬化路的距离	0.085 **	0.086 **	0.084 **	0.275 **
	(0.041)	(0.041)	(0.041)	(0.118)
是否还有其他可能的流转对象	0.051	0.041	0.045	0.040
	(0.080)	(0.079)	(0.088)	(0.081)
农地流转是否转出户主动联系	−0.240 ***	−0.245 ***	−0.243 ***	−0.246 ***
	(0.087)	(0.088)	(0.088)	(0.089)
农地流转是否转入户主动联系	−0.177	−0.182	−0.188 *	−0.197 *
	(0.117)	(0.116)	(0.115)	(0.116)
地区特征	−0.501 ***	−0.491	−0.497 ***	−0.491 ***
	(0.114)	(0.123)	(0.112)	(0.112)
常数项	2.309 ***	0.355 ***	2.361 ***	2.398 ***
	(0.312)	(0.114)	(0.317)	(0.322)
R-squared	0.344	0.351	0.343	0.347
观测值	465	465	465	465

注：括号内为稳健标准误。* 、** 和 *** 分别表示 10%、5%和 1%的显著性水平。

4.3.3　农地流转期限形成机制

表 4 - 8 给出农地确权颁证和非正式规则对农地流转期限影响的估计结果，而表 4 - 9 给出农地租赁契约形式和违约惩罚条款对农地流转期限影响的估计结果。模型 18 给出农地确权颁证和非正式规则对农地流转期限的影响。模型 19 和模型 20 分别给出确权后签订租赁契约农户和其他农户的非正式规则对农地流转期限的影响。借鉴 Baron et al.（1986）的中介效应模型，模型 21 在模型 18 的基础上引入农地租赁契约形式变量。进一步地，模型 22 给出农地租赁契约形式与农地确权颁证、非正式规则的交互项对农地流转期限的影响。类似地，模型 23 在模型 18 的基础上引入农地租赁契约是否包含违约惩罚条款变量。进一步地，模型 24 给出违约惩罚条款与农地确权颁证、非正式规则的交互项对农地流转期限的影响。

模型 18 的结果表明，农地确权颁证在 10%的置信水平上显著延长农地流转期限。与未确权户相比，确权户农地流转期限延长 23.12%。与之类似，担保人参与农地流转有助于延长流转期限，且在 1％ 的置信水平上显著。与担保人未参与农地流转相比，担保人参与农地流转的情境中流转期限延长 149.18％。值得注意的是，日常生活中交易双方彼此馈赠或帮工有助于显著延长农地流转期限。与交易双方未彼此馈赠或帮工相比，日常生活中交易双方彼此馈赠或帮工有助于农地流转期限延长 65.04％。模型 19 和模型 20 的结果表明，农地确权颁证显著降低日常生活中交易双方彼此馈赠或帮工对农地流转期限的促进作用，表明熟人社会共同体内部市场逻辑和关系逻辑之间的替代关系。

表 4-8　农地确权颁证、非正式规则对农地流转期限影响的估计结果

变量	模型 18（全样本）	模型 19（确权后签约户）	模型 20（其他农户）
确权颁证后签订农地租赁契约	0.208*（0.118）	—	—
担保人参与农地流转	0.913***（0.130）	0.974***（0.175）	0.810***（0.201）
是否馈赠或帮工	0.501**（0.221）	0.277（0.319）	0.643**（0.322）
农地流转租金	0.014（0.035）	−0.057（0.055）	0.051（0.054）
户主年龄	−0.002（0.006）	0.001（0.007）	−0.005（0.010）
户主受教育年限	−0.021（0.018）	−0.002（0.025）	−0.051（0.027）
户主是否党员	0.226（0.169）	0.066（0.205）	0.384（0.317）
家庭农业劳动力占比	0.080（0.276）	−0.100（0.352）	0.244（0.447）
农产品价格	−0.085（0.089）	0.002（0.111）	−0.185（0.152）
农地流转规模	0.264***（0.103）	0.470（0.200）	0.201（0.147）

（续）

变量	模型 18 （全样本）	模型 19 （确权后签约户）	模型 20 （其他农户）
是否有农业机械	0.030 (0.074)	0.040 (0.092)	0.009 (0.124)
树龄	0.016 *** (0.006)	0.013 * (0.007)	0.024 *** (0.010)
到最近硬化路的距离	0.025 (0.023)	0.036 * (0.022)	0.009 (0.079)
是否还有其他可能的流转对象	−0.214 (0.124)	−0.352 ** (0.158)	−0.015 (0.219)
农地流转是否转出户主动联系	−0.176 (0.148)	−0.098 (0.177)	−0.177 (0.262)
农地流转是否转入户主动联系	−0.165 (0.159)	−0.153 (0.195)	−0.175 (0.273)
地区特征	0.137 (0.137)	0.313 * (0.186)	−0.036 (0.216)
常数项	1.090 (0.534)	0.826 (0.675)	1.549 * (0.923)
R-squared	0.238	0.244	0.247
观测值	465	266	199

注：括号内为稳健标准误。* 、** 和 *** 分别表示 10%、5% 和 1% 的显著性水平。

农地确权颁证与非正式规则影响农地租赁契约形式的选择，而契约形式选择决定农地产权风险。模型 21 的结果表明，签订书面合同有助于延长农地流转期限，且在 1% 的置信水平上显著，但农地确权颁证和日常生活中彼此馈赠或帮工对农地流转期限的影响不再显著，表明契约形式是农地确权颁证和日常生活中彼此馈赠或帮工影响农地流转期限的中介变量。进一步地，为分析租赁契约形式对农地流转期限的影响，模型 22 引入契约形式与农地确权颁证、非正式规则的交互项，结果表明，签订书面合同有助于显著减弱担保人参与农地流转交易对农地流转期限的影响，表明签订书面合同减弱非正式规则的作用。类似地，模型 23 的结果表明，违约惩罚条款有助于延长流转期限，且在 1% 的置信水平上显著。进一步地，为分析违约惩罚条款对农地流转期限的影响，模型 24 引入违约惩罚条款与农地确权颁证、非正式规则的交互项，结果表明，违约惩罚条款显著减弱担保人参与农地流转和日常生活中农地交易双方彼此馈赠或帮工对农地流转期限的影响，表明违约惩罚条款减弱非正式规则的作用。

表 4-9　契约形式和违约惩罚条款对农地流转期限影响的估计结果

变量	模型 21	模型 22	模型 23	模型 24
确权颁证后签订农地租赁契约	0.146 (0.108)	0.223 (0.220)	0.200* (0.117)	0.290 (0.157)
担保人参与农地流转	0.445*** (0.139)	0.907*** (0.261)	0.797*** (0.136)	0.931*** (0.156)
是否馈赠或帮工	0.297 (0.206)	0.712 (0.854)	0.442** (0.222)	0.810*** (0.292)
农地租赁契约形式	1.278*** (0.164)	1.726*** (0.249)	—	—
契约形式×确权颁证后签订契约	—	−0.119 (0.249)	—	—
契约形式×担保人参与	—	−0.734** (0.300)	—	—
契约形式×是否馈赠或帮工	—	−0.554 (0.871)	—	—
违约惩罚条款	—	—	0.395*** (0.119)	1.348*** (0.334)
违约惩罚条款×确权后签订契约	—	—	—	−0.243 (0.214)
违约惩罚条款×担保人参与	—	—	—	−0.862*** (0.304)
违约惩罚条款×是否馈赠或帮工	—	—	—	−1.001*** (0.417)
农地流转租金	−0.009 (0.034)	−0.009 (0.034)	0.001 (0.036)	−0.005 (0.035)
户主年龄	0.006 (0.006)	0.005 (0.006)	−0.001 (0.006)	0.001 (0.006)

（续）

变量	模型 21	模型 22	模型 23	模型 24
户主受教育年限	−0.012	−0.014	−0.024	−0.021
	(0.017)	(0.016)	(0.018)	(0.018)
户主是否党员	0.137	0.134	0.181	0.171
	(0.157)	(0.158)	(0.168)	(0.166)
家庭农业劳动力占比	−0.171	−0.171	0.020	−0.013
	(0.266)	(0.264)	(0.275)	(0.275)
农产品价格	−0.049	−0.046	−0.077	0.064
	(0.088)	(0.087)	(0.091)	(0.090)
农地流转规模	0.146	0.133	0.258 ***	0.254 ***
	(0.103)	(0.105)	(0.102)	(0.100)
是否有农业机械	0.031	0.025	0.034	0.041
	(0.068)	(0.068)	(0.074)	(0.072)
树龄	0.010 *	0.009 *	0.015 ***	0.015 ***
	(0.005)	(0.005)	(0.006)	(0.006)
到最近硬化路的距离	0.014	0.015	0.011	0.006
	(0.020)	(0.021)	(0.022)	(0.020)
是否还有其他可能的流转对象	−0.120	−0.113	−0.215	−0.212 *
	(0.110)	(0.112)	(0.124)	(0.121)
农地流转是否转出户主动联系	−0.037	−0.016	−0.129	−0.099
	(0.134)	(0.135)	(0.147)	(0.146)
农地流转是否转入户主动联系	0.049	0.059	−0.133	−0.093
	(0.148)	(0.148)	(0.158)	(0.160)
地区特征	0.107	0.125	0.116	0.119
	(0.121)	(0.123)	(0.137)	(0.135)
常数项	0.481	0.355	1.077 **	0.879 *
	(0.491)	(0.488)	(0.533)	(0.531)
R-squared	0.367	0.381	0.253	0.272
观测值	465	465	465	465

注：括号内为稳健标准误。＊、＊＊和＊＊＊分别表示 10％、5％和 1％的显著性水平。

4.3.4 稳健性检验

应指出的是，第三方参与农地流转和农地交易双方互惠关系对农地租赁契约形成机制的影响可能存在自选择、遗漏变量等内生性问题。因此，这里选择村委会是否要求农地流转需要签字盖章和是否三代人在本村内生活分别作为第三方参与农地流转和农地交易双方互惠关系的工具变量。这是因为，实地调查结果显示，村干部是熟人社会内部主要的担保人类型，而三代人在本村内生活有助于积累社会资本，便于维持彼此间互惠关系，利于充分发挥关联博弈机制的作用。但上述变量并不会直接影响农地租赁契约选择。令人担心的是，长期居住在本地的居民可能拥有宗族势力，从而导致农地交易谈判能力更强，但王珣（2007）和仇童伟等（2019）研究发现，福建、广东、湖南和江西等南方地区是宗族聚居区，宗族势力较强，而其他北方省份并非宗族聚居区，宗族势力普遍较弱。本研究样本户主要来自山东和陕西等北方地区，宗族势力并不强大。与此同时，本研究加入了农地交易特征相关变量，尽可能控制谈判能力差异的影响。表 4 - 10 给出工具变量法的估计结果，模型 25、模型 26 和模型 27 的结果表明，上述研究结果是稳健的。此外，第一阶段估计结果显示，工具变量显著影响第三方参与农地流转交易和农地交易双方互惠关系，且 F 值大于经验值 10，故不必担心存在弱工具变量问题。

表 4 - 10 工具变量法的估计结果

变量	农地流转租金	农地流转规模	农地流转期限
	模型 25	模型 26	模型 27
农地确权颁证后签订农地租赁契约	0.651 ***	0.199 ***	0.364 *
	(0.196)	(0.076)	(0.228)
担保人是否参与农地流转交易	1.232 **	0.370 *	2.515 ***
	(0.573)	(0.225)	(0.666)
是否馈赠或帮工	−1.077	0.151	6.554 **
	(2.684)	(1.032)	(3.121)
观测值	465	465	465

注：括号内为稳健标准误。*、**和***分别表示10%、5%和1%的显著性水平。为节省篇幅，这里并未汇报控制变量和工具变量法第一阶段的估计结果。

4.3.5　异质性分析

对契约形式、政府作用和转入户外部选择权存在差异的农地流转，农地确权颁证和非正式规则对农地流转租金、流转规模和流转期限的影响可能存在异质性。为此，这里根据契约形式（书面合同或口头协议）、政府作用（村委会是否居中协调）* 和转入户外部选择权（有无一技之长，如电焊、泥瓦等）进行分组回归。

表 4-11 给出在不同契约形式、有无政府作用和转入户外部选择权情境中农地流转租金形成机制的异质性分析。结果发现，对于签订书面合同的农地流转，农地确权颁证可以更显著地提高流转租金，这可能是因为规范化的农地租赁契约有效改善相关法律条款的执行效率，签订书面合同强化农地确权颁证的效果。此外，在签订书面合同的情境中，农地交易双方互惠关系密切更显著地降低流转租金，这可能是因为签订书面合同降低农地产权风险，提高农地流转租金，导致交易双方互惠关系密切对降低流转租金的影响更显著。在政府作用方面，村委会居中协调显著抑制农地确权颁证对流转租金的促进作用。可能的解释是，作为地方政府代理人，村委会具备公共权威性，有助于实现对农地流转交易的背书，降低农地产权风险预期，从而减弱农地确权颁证的正向影响。如果转入户没有一技之长，农地交易双方互惠关系密切时会显著降低流转租金，但在转入户拥有一技之长的情境中，农地交易双方互惠关系并未显著降低流转租金，这可能是因为，转入户拥有一技之长时更易于从事非农就业，转出户可能并不愿意通过降低流转租金寻找这类农户作为流转交易对象。

表 4-11　农地流转租金形成机制异质性估计结果

变量	农地流转租金					
	书面合同	口头协议	村委会居中协调	村委会未居中协调	有一技之长	没有一技之长
确权颁证后签订契约	0.653***	0.553*	0.560**	0.671***	1.164***	0.560***
	(0.186)	(0.316)	(0.239)	(0.227)	(0.380)	(0.192)

---

* 村委会是基层群众性自治组织，协助政府开展工作，因此本研究用村委会是否居中协调表征政府作用。——编者注

（续）

变量	农地流转租金					
	书面合同	口头协议	村委会居中协调	村委会未居中协调	有一技之长	没有一技之长
担保人参与	0.202	−0.210	0.125	0.238	0.535	0.182
	(0.222)	(0.348)	(0.337)	(0.203)	(0.442)	(0.200)
是否馈赠或帮工	−0.750**	0.120	−0.094	−0.940	0.646	−0.833**
	(0.362)	(0.453)	(0.327)	(0.612)	(0.667)	(0.376)
控制变量	控制	控制	控制	控制	控制	控制
R-squared	0.263	0.629	0.436	0.537	0.478	0.501
观测值	318	147	159	306	123	342

注：*、**和***分别表示10%、5%和1%的显著性水平。

表4-12给出在不同契约形式、有无政府作用和外部选择权情境中农地流转规模的异质性分析。结果发现，对于签订书面合同的农地流转，农地确权颁证能够更显著地促进农地流转规模，这可能是因为签订书面合同有助于提高农地确权颁证改善法律条款执行的有效性。而担保人参与农地流转或者农地交易双方互惠关系密切更显著扩大农地流转规模，这可能是因为非正式规则降低正式制度执行的成本。在政府作用方面，村委会居中协调显著促进农地确权颁证对农地流转规模的促进作用，这可能是因为，作为基层政府代理人，村委会具备公共权威性，提高农地产权制度改革的执行效率。然而，村委会居中协调显著减弱担保人参与农地流转和农地交易双方互惠关系密切对农地流转规模的促进作用。一个可能的原因是，村委会居中协调有助于实现对农地流转交易的认可或背书，降低农地产权风险预期，从而抑制非正式规则的促进作用。还应指出的是，与转入户没有一技之长相比，转入户拥有一技之长降低了农地确权颁证、担保人参与农地流转和农地交易双方互惠关系密切对农地流转规模促进作用的显著性，这可能是因为转入户拥有一技之长将利于从事非农就业，此时转入户较少关注农业生产经营。

表4-12 农地流转规模形成机制异质性估计结果

变量	农地流转规模					
	书面合同	口头协议	村委会居中协调	村委会未居中协调	有一技之长	没有一技之长
确权颁证后签订契约	0.253***	0.053	0.292**	0.133*	0.279*	0.188**
	(0.087)	(0.108)	(0.135)	(0.080)	(0.140)	(0.083)

（续）

变量	农地流转规模					
	书面合同	口头协议	村委会居中协调	村委会未居中协调	有一技之长	没有一技之长
担保人参与	0.227***	0.052	0.064	0.130*	0.062	0.142*
	(0.087)	(0.129)	(0.164)	(0.080)	(0.130)	(0.079)
是否馈赠或帮工	0.432**	0.002	0.305	0.417***	0.502	0.425**
	(0.182)	(0.196)	(0.197)	(0.161)	(0.352)	(0.167)
控制变量	控制	控制	控制	控制	控制	控制
R-squared	0.395	0.292	0.424	0.396	0.541	0.319
观测值	318	147	159	306	123	342

注：*、** 和 *** 分别表示 10%、5% 和 1% 的显著性水平。

表 4-13 给出在不同契约形式、有无政府作用和外部选择权情境中农地流转期限的异质性分析。结果发现，签订书面合同显著减弱担保人参与农地流转对延长流转期限的正向影响，这可能是因为，签订书面合同降低第三方法庭监督机制的执行成本。类似地，村委会居中协调显著减弱担保人参与农地流转和农地交易双方互惠关系密切对延长流转期限的正向影响，这可能是因为，作为基层政府代理人，村委会居中协调发挥第三方违约惩罚机制的作用。转入户外部选择权方面，转入户拥有一技之长显著减弱农地确权颁证和农地交易双方互惠关系密切对延长流转期限的正向影响，这可能是因为，转入户拥有一技之长时更易于从事非农就业。

表 4-13　农地流转期限的异质性估计结果

变量	农地流转期限					
	书面合同	口头协议	村委会居中协调	村委会未居中协调	有一技之长	没有一技之长
确权颁证后签订契约	0.176	0.170	0.231	0.217	−0.043	0.222*
	(0.119)	(0.232)	(0.190)	(0.146)	(0.263)	(0.135)
担保人参与	0.158	0.879***	0.360	0.993***	1.357***	0.826***
	(0.150)	(0.286)	(0.245)	(0.168)	(0.263)	(0.147)
是否馈赠或帮工	0.076	0.780	−0.018	1.164***	0.844*	0.485**
	(0.183)	(0.838)	(0.251)	(0.390)	(0.491)	(0.245)
控制变量	控制	控制	控制	控制	控制	控制

（续）

变量	农地流转期限					
	书面合同	口头协议	村委会居中协调	村委会未居中协调	有一技之长	没有一技之长
R-squared	0.061	0.210	0.142	0.302	0.420	0.219
观测值	318	147	159	306	123	342

注：*、** 和 *** 分别表示 10%、5% 和 1% 的显著性水平。

4.4 本章小结

本章以农户效用最大化为目标，构建农地流转租金、流转规模和流转期限形成机制的分析框架，基于对山东和陕西 2 省 6 县 762 户专业化苹果种植户的 465 份农地租赁契约的微观调查数据，分析农地确权改革、第三方参与农地流转和农地交易双方互惠关系对农地流转租金、流转规模及流转期限的影响机制，并检验农地租赁契约形式和违约惩罚条款的作用。研究发现：

（1）农地确权颁证、担保人参与农地流转对提高农地流转租金具有正向影响，而农地交易双方互惠关系密切对降低农地流转租金具有正向影响。结果表明，从正式产权制度改革角度，农地确权颁证有助于显著提高农地流转租金，与未确权户相比，确权户的农地流转租金显著提高 102.38%。从非正式规则角度，担保人参与农地流转有助于显著提高农地流转租金，与担保人未参与农地流转相比，担保人参与农地流转有助于农地流转租金提高 34.85%。然而，日常生活中交易双方彼此馈赠或帮工有助于农地流转租金显著降低 43.45%。进一步地，农地确权颁证强化农地交易双方彼此馈赠或帮工对农地流转租金的抑制作用。对不同契约形式、有无政府作用和转入户外部选择权的异质性分析结果表明：对于签订书面合同的农地流转，农地确权颁证更显著提高流转租金，而在签订书面合同的情境中，农地交易双方互惠关系密切更显著降低流转租金；村委会居中协调显著降低农地确权颁证对流转租金的促进作用；转入户没有一技之长，农地交易双方互惠关系密切显著降低流转租金，但在转入户拥有一技之长的情境中，农地交易双方互惠关系并未显著降低流转租金。

（2）农地确权颁证和非正式规则影响农地租赁契约形式选择和农地租赁契约是否包含违约惩罚条款，更为重要的是，农地租赁契约形式及农地租赁契约包含违约惩罚条款，有助于降低农地产权风险，从而提高农地流转租金，减弱非正式规则对农地流转租金的影响。结果表明，担保人参与农地流转和日常生活中交易双方彼此馈赠或帮工有助于签订书面合同，签订书面合同有助于显著提高农地流转租金，但担保人参与农地流转对农地流转租金的影响不再显著，表明签订书面合同是第三方参与农地流转影响农地流转租金的中介变量。引入农地租赁契约形式与农地确权颁证、非正式规则的交互项后发现，签订书面合同显著减弱日常生活中交易双方彼此馈赠或帮工对农地流转租金的影响。类似地，担保人参与农地流转和日常生活中交易双方彼此馈赠或帮工有助于签订违约惩罚条款。违约惩罚条款有助于显著提高农地流转租金，但担保人参与农地流转对农地流转租金的影响不再显著，表明包含违约惩罚条款是第三方参与农地流转交易影响农地流转租金的中介变量。引入违约惩罚条款与农地确权颁证、非正式规则的交互项后发现，违约惩罚条款显著减弱日常生活中交易双方彼此馈赠或帮工对农地流转租金的影响。

（3）农地确权颁证和担保人参与农地流转促进农地流转规模。结果表明，农地确权颁证在 1% 的置信水平上显著促进农地流转规模，且第三方参与农地流转显著促进农地流转规模。然而，农地交易双方互惠关系密切对农地流转规模的促进作用并不显著。进一步地，农地确权颁证显著降低第三方参与农地流转和农地交易双方互惠关系密切对农地流转规模的促进作用。对不同契约形式、有无政府作用和转入户外部选择权的异质性分析结果表明：对于签订书面合同的农地流转，农地确权颁证更显著促进农地流转规模，而担保人参与农地流转和农地交易双方互惠关系密切更显著扩大农地流转规模；村委会居中协调显著促进农地确权颁证对农地流转规模的促进作用，而村委会居中协调显著减弱担保人参与农地流转和农地交易双方互惠关系密切对农地流转规模的促进作用；转入户拥有一技之长显著降低农地确权颁证、担保人参与农地流转和农地交易双方互惠关系密切对农地流转规模的促进作用。

（4）农地租赁契约形式及农地租赁契约包含违约惩罚条款有助于降低农地产权风险，从而扩大农地流转规模，减弱非正式规则对农地流转规模的影响。结果表明，农地租赁契约形式趋于规范化有助于显著促进农地流转规模，但第三方参与农地流转对流转规模的促进作用不再显著，表明契约形式是第三方参与农地流转对流转规模影响的中介变量。进一步地，签订书面合同显著降低第三方参与农地流转和农地交易双方互惠关系密切对农地流转规模的正向影响。与此同时，违约惩罚条款有助于显著促进农地流转规模，但第三方参与农地流转对流转规模的促进作用不再显著，表明第三方参与实际发挥违约规制功能。进一步地，违约惩罚条款显著降低第三方参与农地流转对农地流转规模的正向影响。

（5）农地确权颁证、第三方参与农地流转及农地交易双方互惠关系密切对延长流转期限具有正向影响。结果表明，从正式产权制度改革角度，农地确权颁证显著延长流转期限，与未确权户相比，确权户农地流转期限显著延长 23.12%。从非正式规则角度，与担保人未参与农地流转相比，担保人参与农地流转有助于农地流转期限显著延长 149.18%，而日常生活中交易双方彼此馈赠或帮工有助于农地流转期限显著延长 65.04%。进一步地，农地确权颁证显著降低日常生活中交易双方彼此馈赠或帮工对农地流转期限的促进作用。对不同契约形式、有无政府作用和转入户外部选择权的异质性分析结果表明：签订书面合同显著减弱担保人参与农地流转对延长流转期限的正向影响；村委会居中协调显著减弱担保人参与农地流转和农地交易双方互惠关系对延长流转期限的正向影响；关于外部选择权，转入户拥有一技之长显著减弱农地确权颁证和农地交易双方互惠关系对延长流转期限的正向影响。

（6）农地租赁契约形式及农地租赁契约包含违约惩罚条款有助于降低农地产权风险，从而延长流转期限，减弱非正式规则对农地流转期限的影响。结果表明，签订书面合同有助于显著延长农地流转期限，但农地确权颁证和日常生活中彼此馈赠或帮工对农地流转期限的影响不再显著，表明契约形式是农地确权颁证和日常生活中彼此馈赠或帮工影响流转期限的中介变量。引入农地租赁契约形式与农地确权颁证、非正式规则的交互项后发现，签订书面合同显著减弱担保人参与农地流转对农地流转期限的影响。类似地，违约惩罚条款有助于显著延长流转期限。引入违约惩罚条款与农地确权颁证、非正式规则的交互项后发现，违约惩罚条款显著减弱担保人参与农地流转和日常生活中农地交易双方彼此馈赠或帮工对农地流转期限的影响。

以上研究结果表明，提高农地租赁市场交易质量、改善农业租佃条件的关键在于完善的农地产权制度和有效的非正式规则。因此，不仅要积极完善市场化导向的农地产权制度改革，注重产权制度改革与熟人社会共同体内部非正式规则的兼容性，降低正式产权制度改革社会成本，还要注重引导熟人社会内部非正式规则的演进方向，努力构建适应市场经济发展、完善市场经济环境的非正式规则，以此培育农地租赁市场。

第5章 农地租赁契约对农地
长期投资的影响

本章以契约经济学和农民经济学为理论指导，基于对 762 户专业化苹果种植户层面及 1 163 个地块层面的微观调查数据，检验农地租赁契约对农地长期投资的影响机制。为验证农地租赁契约对农地长期投资影响的理论假说，采用 OLS 模型及农户层面的微观调查数据，检验农地流转规模及是否转入农地对农地长期投资的影响，并利用工具变量法和倾向得分匹配法进行稳健性检验；采用 OLS 模型及农户层面的微观调查数据，检验农地流转租金对农地长期投资的影响，并利用农地确权改革进行稳健性检验；采用家庭固定效应模型及地块层面的微观调查数据，检验是否租赁地对农地长期投资的影响；采用 OLS 模型及地块层面的微观调查数据，检验农地租赁契约稳定性对农地长期投资的影响。本章的目的在于揭示农地租赁契约与农地长期投资的关系机理，从而改善农地质量，进而促进农业生产效率和农户家庭收入的持续增长。

5.1 农地租赁契约对农地长期投资影响的实证模型

农户参与农地租赁市场，扩大土地经营规模，有助于摊薄农地长期投资的成本，影响农户农地长期投资的意愿。考虑到农家肥投资是连续变量，这里采用 OLS 模型检验农地转入与农家肥投资的关系，可设定为：

$$I = \gamma_0 + \rho T + \sum \gamma_i X + \nabla_1 \tag{5-1}$$

式（5-1）中，I 是被解释变量，表示农户层面农家肥投资的对数值；T 是核心解释变量，表示转入农地面积对数值和是否发生农地流转；X 是控制变量，包括户主特征、家庭特征、地块特征和村庄固定效应等。其中，户主特征包括户主年龄对数值、户主受教育年限对数值、户主是否村干部，家庭特征包括家庭农业劳动力占比、是否有旋耕机、是否有施肥开沟机、自家网络和通信方便程度，地块特征包括离最近乡镇距离对数值、土地质量主观评价、苹果树龄和是否发生过霜冻等自然灾害（具体含义及取值见表 5-1）。此外，ρ 和 γ_i 分别是核心解释变量和控制变量的系数，而 γ_0 和 ∇_1 分别是截距项和随机误差项。

在农地租赁市场具有有效性的情境中，农地流转租金越高越有助于及时收回农地长期投资的收益，影响农户农地长期投资的意愿。考虑到农家肥投资是连续变量，这里采用 OLS 模型检验农地流转租金与农家肥投资的关系，可设定为：

$$I = \xi_0 + \varphi M + \sum \xi_i X + \nabla_2 \qquad (5-2)$$

式（5-2）中，I 是被解释变量，表示农户层面农家肥投资的对数值；M 是核心解释变量，表示农地流转租金；X 是控制变量，具体含义与式（5-1）保持一致。此外，φ 和 ξ_i 分别是核心解释变量和控制变量的系数，而 ξ_0 和 ∇_2 分别是截距项和随机误差项。

在农地产权制度不完善的情境中，农户参与农地租赁市场降低租赁地产权稳定性预期，造成租赁地和自有地农地产权风险的差异，影响农户租赁地的农地长期投资意愿。考虑到农家肥投资是连续变量，这里采用 OLS 模型检验是否租赁地与农家肥投资的关系，可设定为：

$$I = d_0 + cR + \sum d_i X + \nabla_3 \qquad (5-3)$$

式（5-3）中，I 是被解释变量，表示地块层面农家肥投资的对数值；R 是核心解释变量，表示是否租赁地；X 是控制变量，包括户主特征、家庭特征、地块特征、地区固定效应和家庭固定效应等。值得注意的是，依据 Greene（2018）的研究，户主特征和家庭特征被家庭固定效应吸收，则家庭固定效应模型并未控制户主特征和家庭特征。此外，c 和 d_i 分别是核心解释变量和控制变量的系数，而 d_0 和 ∇_3 分别是截距项和随机误差项。

然而，农地租赁契约稳定性不同导致租赁地之间产权稳定性存在差异，影响农户农地长期投资的意愿。考虑到农家肥投资是连续变量，这里采用 OLS 模型检验农地租赁契约稳定性与农家肥投资的关系，可设定为：

$$I_{ip} = g_0 + e_{ip} \times R_{ip} + \pi_{ip} \times R_{ip} \times P_{ip} + \sum g_i x_i +$$

$$\sum \ni_i z_{ip} + A + \nabla_4 \qquad (5-4)$$

式（5-4）中，I_{ip} 是被解释变量，表示地块层面农家肥投资的对数值，其中 i 是农户，p 是地块（$p=1$ 表示租赁地，而 $p=0$ 表示自有地）；P_{ip} 是核心解释变量，表示农地租赁契约期限和农地流转是否得到村集体经济组织批准或备案；R_{ip} 是核心解释变量，仍表示是否租赁地；x_i 和 z_{ip} 是控制变量，前者包括户主特征和家庭特征等，而后者包括地块特征。此外，e_{ip}、π_{ip}、g_i 和 $\ni_i$ 是解释变量的系数，而 g_0 和 ∇_4 分别是截距项和随机误差项。值得注意的是，农户可能基于自身某些特征（如个人能力）同时选择农地租赁契约和农地长期投资，从而导致遗漏变量等内生性问题，这里用 A 表示。

为解决可能的内生性问题，这里把租赁地农家肥投资影响因素的 OLS 模型设定为：

$$I_{i1} = g_0 + e_{i1} + \pi_{i1} \times P_{i1} + \sum g_i x_i + \sum \ni_i z_{i1} + A + \nabla_5$$

$$(5-5)$$

式（5-5）中，I_{i1} 是被解释变量，表示租赁地的农家肥投资对数值；P_{i1} 是核心解释变量，表示农地流转期限和农地流转是否得到村集体经济组织批准或备案；z_{i1} 是控制变量，表示租赁地的地块特征，而其他变量的含义与式（5-4）中保持一致。此外，π_{i1}、g_i 和 $\ni_i$ 是解释变量的系数，而 $g_0 + e_{i1}$ 和 ∇_5 分别是截距项和随机误差项。类似地，自有地农家肥投资影响因素的 OLS 模型可设定为：

$$I_{i0} = g_0 + \sum g_i x_i + \sum \ni_i z_{i0} + A + \nabla_6 \qquad (5-6)$$

式（5-6）中，I_{i0} 是被解释变量，表示自有地的农家肥投资对数值；z_{i0} 是控制变量，表示自有地的地块特征，而其他变量的含义与式（5-4）中保持一致。这里把式（5-5）和式（5-6）差分后可得：

$$I_{i1} - I_{i0} = e_{i1} + \pi_{i1} \times P_{i1} + \sum \ni_i \Delta z_i + \nabla_5 - \nabla_6 \qquad (5-7)$$

式（5-7）中，$I_{i1} - I_{i0}$ 是被解释变量，表示租赁地和自有地农家肥投资对数值的差异；P_{i1} 是核心解释变量，表示农地流转期限和农地流转是否得到村集体经济组织批准或备案；Δz_i 是控制变量，表示租赁地和自有地地块特征的差异，即 $z_{i1}-z_{i0}$。此外，π_{i1} 和 $\ni_i$ 是解释变量的系数，而 e_{i1} 和 $\nabla_5 - \nabla_6$ 分别是截距项和随机误差项。更为重要的是，式（5-7）不包括遗漏变量 A，因此，这里不必担心存在估计偏误问题。

5.2　变量选择及描述性统计分析

表 5-1 给出被解释变量、核心解释变量和控制变量的含义和描述性统计分析结果。样本户农家肥投资平均每年为 1 310.82 元/亩，且与自有地相比，租赁地农家肥投资水平显著偏低。样本户农地流转期限平均为 15.48 年，表明农地租赁契约趋于长期化，而农地流转得到村集体经济组织批准或备案的比例仅为 1.7%，表明村集体经济组织介入苹果园土地流转的积极性不高。值得注意的是，转入土地农户与未转入土地农户在户主年龄、户主受教育年限、是否有旋耕机、是否有施肥开沟机、家庭网络及交通便利程度、离最近乡镇距离、土地质量主观评价和果树树龄等方面存在显著差异，表明样本户参与农地租赁市场的选择问题比较严重。

（1）被解释变量。借鉴 Jacoby et al.（2008），Burke et al.（2019）和李星光等（2019）的研究，这里选择农家肥投资表征农地长期投资，这是因为农家肥投资是一种典型的与特定地块相连的农地长期投资，肥料肥力通常持续 4 至 5 年，且单个农户有能力承担农家肥投资的成本，而不必依赖村庄集体行动。

（2）核心解释变量。这里选择是否转入农地和农地转入规模反映农地经营规模的扩大①，选择农地流转租金反映农地租赁市场有效性，选择是否租赁地反映产权界定层面的农地产权稳定性，选择农地流转期限和农地流转是否得到村集体经济组织批准或备案反映产权执行层面的农地租赁契约稳定性和持续性。

（3）控制变量。借鉴 Lyu et al.（2019）、李星光等（2019）的研究，这里选择户主年龄、户主受教育年限和户主是否是村干部反映户主人力资本质量，选择家庭农业劳动力占比反映家庭人力资本数量，选择家庭是否有旋耕

---

① 这里的流转规模表示连续变量特征，而是否转入农地表示二分变量特征。

机和施肥开沟机反映家庭农业生产的机械化水平，选择农户家庭网络及交通是否方便反映农户信息可得性，选择地块离最近乡镇距离反映到市场便利程度，选择地块质量主观评价、果树树龄和自然灾害发生概率反映地块农业生产价值。

表 5-1　描述性统计分析结果

变量名称	赋值	均值		
被解释变量		自有地	租赁地	差异值（T 值）
农家肥投资	农家肥投资对数值	3.414 (0.128)	3.063 (0.157)	0.351* (0.203)
核心解释变量		均值	标准差	
是否转入农地	是＝1，否＝0	0.609	0.488	
农地转入规模	亩	4.256	28.808	
农地流转租金	元/（亩·年）	443.504	598.199	
是否租赁地	是＝1，否＝0	0.400	0.490	
农地流转期限	年	15.484	12.035	
农地流转是否得到村集体经济组织批准或备案	是＝1，否＝0	0.017	0.130	
控制变量		未转入土地的农户	转入土地的农户	差异值（T 值）
户主特征				
户主年龄	户主年龄对数值	3.983 (0.015)	3.900 (0.010)	0.083*** (0.017)
户主受教育年限	户主受教育年限对数值	1.865 (0.044)	2.012 (0.030)	−0.147*** (0.052)
户主是否村干部	是＝1，否＝0	0.131 (0.020)	0.125 (0.015)	0.006 (0.025)
家庭特征				
家庭农业劳动力占比	家庭农业劳动力总量与家庭劳动力总量之比（%）	0.586 (0.015)	0.559 (0.010)	0.027 (0.017)
是否有旋耕机	是＝1，否＝0	0.319 (0.027)	0.455 (0.023)	−0.136*** (0.036)

（续）

变量名称	赋值		均值	
是否有施肥开沟机	是=1，否=0	0.094 (0.017)	0.175 (0.018)	−0.081*** (0.026)
您认为您家网络、通信方便吗	非常不方便=1，比较不方便=2，一般=3，比较方便=4，非常方便=5	4.124 (0.070)	4.265 (0.049)	−0.141* (0.083)
地块特征				
离最近乡镇距离	离最近乡镇距离对数值	1.934 (0.037)	1.567 (0.040)	0.367*** (0.058)
土地质量	非常好=1，比较好=2，一般=3，比较差=4，非常差=5	2.332 (0.084)	2.009 (0.059)	0.323*** (0.100)
树龄	年	2.819 (0.030)	2.288 (0.051)	0.531*** (0.069)
是否发生过霜冻等自然灾害	是=1，否=0	0.248 (0.025)	0.244 (0.020)	0.004 (0.032)

注：括号内是标准差。*、** 和 *** 分别表示 10%、5% 和 1% 的显著性水平。

5.3　实证结果与分析

5.3.1　农地流转规模及流转租金对农地长期投资的影响

表 5-2 给出农地流转规模对农地长期投资影响的估计结果。模型 1 给出农地转入规模与农家肥投资的关系，模型 2 给出是否转入农地与农家肥投资的关系。具体而言，模型 1 的结果表明，农地转入规模越大越有助于促进农家肥投资，且在 1% 的置信水平上显著，这与贾蕊等（2018）扩大农地经营规模可以降低农地质量改善行为成本的研究结论相一致。类似地，模型 2 的结果表明，农户参与农地转入有助于促进农家肥投资，且在 1% 的置信水平上显著，这可能是因为农户扩大农业经营规模，有助于摊薄农地长期投资的成本，提高农户从事农地长期投资收益的大小，从而激励农家肥投资的意愿，最终改善土地质量。因此，上述结果表明，农地流转扩大土地经营规模，促进农地长期投资，改善土地质量。

其他变量对农地长期投资的影响符合预期。从户主特征角度，户主年龄越大越不利于促进农家肥投资，但效果不显著，这可能是因为户主年龄越大越少关注农业长期投资。户主受教育年限越长越不利于促进农家肥投资，但效果不显著，这可能是因为户主受教育年限越长越有助于促进农户非农就业，从而较少关注农业长期投资。户主村干部身份有助于促进农家肥投资，但效果并不显著，这可能是因为，在经济转型过程中，村干部身份有助于农户获得多种生产要素，但随着市场化改革的逐渐深入，村干部身份的作用也减小了。从家庭特征角度，家庭农业劳动力占比高对农地长期投资产生负向影响，这可能是因为，苹果种植户生产项目高度集中于种植业，苹果主产区普遍缺乏畜牧业等相关产业，导致苹果种植户获取农家肥的成本较高，从而造成农家肥投资属于资金偏向型投资（李星光等，2019）。在实地调研中，我们发现，部分苹果种植户需要在内蒙古等较远地区购买农家肥，造成资金成本相对较高。拥有施肥开沟机显著促进农家肥投资，而拥有旋耕机促进农家肥投资的效果并不显著，这可能是因为施肥开沟机有助于降低农家肥使用过程中的成本。农户家网络和交通越方便越有助于降低农户获得农地长期投资的成本，从而促进农家肥投资。从地块特征角度，离最近乡镇距离越近越有助于降低农户获得农地长期投资的成本；且土地质量越好越有助于显著促进农家肥投资。相反地，地块果树树龄越长和遭遇自然灾害越频繁越容易减少农家肥投资，但效果不显著，这可能是因为果树树龄越长和遭遇自然灾害越频繁导致苹果园农业生产价值越低。

表 5 - 2　农地流转规模与农地长期投资的估计结果

变量	模型 1	模型 2
农地转入规模	0.008 ***	—
	(0.002)	
是否转入农地	—	5.264 ***
		(1.212)
户主年龄	−0.855	−0.903
	(0.694)	(0.704)
户主受教育年限	−0.072	−0.058
	(0.204)	(0.206)

（续）

变量	模型 1	模型 2
户主是否村干部	0.352	0.237
	(0.405)	(0.409)
家庭农业劳动力占比	−0.718	−0.671
	(0.588)	(0.586)
是否有旋耕机	0.264	0.315
	(0.307)	(0.306)
是否有施肥开沟机	0.651*	0.726*
	(0.399)	(0.399)
您认为您家网络、通信方便吗	0.150	0.139
	(0.128)	(0.129)
离最近乡镇距离	0.255	0.234
	(0.193)	(0.192)
土地质量	0.207**	0.225**
	(0.105)	(0.105)
树龄	−0.117	−0.124
	(0.257)	(0.254)
是否发生过霜冻等自然灾害	−0.118	−0.128
	(0.305)	(0.306)
村庄固定效应	控制	控制
R-squared	0.172	0.173
观测值	762	762

注：括号内为稳健标准误。*、** 和 *** 分别表示 10%、5% 和 1% 的显著性水平。

表 5-3 给出农地流转租金对农地长期投资影响的估计结果。模型 3 给出农地流转租金对农家肥投资影响的估计结果。更为重要的是，考虑到农地流转租金与农家肥投资之间可能存在双向因果、遗漏变量等内生性问题，本研究利用准自然实验法进行稳健性检验。具体而言，2013 年中央 1 号文件明确要求"用 5 年时间基本完成农村土地承包经营权确权登记颁证工作"。理论上，农地确权改革明晰农地权属关系结构，有助于降低农地产权风险，提高农地流转租金（程令国等，2016），从而促进农地长期投资。因此，农

地确权改革作为外生制度冲击，提供了一个良好的准自然实验，有助于解决农地流转租金对农家肥投资影响的内生性问题。模型 4 和模型 5 分别给出确权户和未确权户的农地流转租金对农家肥投资的影响，模型 6 和模型 7 分别给出是否进行农地确权颁证对农家肥投资和农地流转租金的影响。主要的解释是，如果农地流转租金对农家肥投资的显著促进作用并不是双向因果、遗漏变量等内生性问题导致的，而是客观真实存在的，则农地确权改革提高农地流转租金，导致确权户的流转租金显著高于未确权户的流转租金，从而造成与未确权户相比，确权户的流转租金显著促进农家肥投资。然而，主要的担心是农地确权改革可能降低农地产权风险预期，直接促进农家肥投资，故这里必须排除农地确权改革直接促进农家肥投资这一竞争性机制的可能影响（李星光等，2019）。还应强调的是，部分研究指出，政府可能基于某些地区特征（如先前的农业投资水平、经济发展程度等）优先选择部分农地确权区域（Galiani et al.，2010），从而导致村级层面农地确权颁证的选择问题。因此，本研究利用村级固定效应模型解决村级层面的选择问题。

模型 3 的结果表明，农地流转租金越高越有助于促进农家肥投资，且在 10％的置信水平上显著，表明农地流转租金能有效反映农地质量，提高农户收回农地长期投资收益可得性的预期，激励农家肥投资。为保证农地流转租金对农家肥投资促进作用的稳健性，模型 4 和模型 5 的结果表明，确权户的农地流转租金在 10％的置信水平上显著促进农家肥投资，而未确权户的农地流转租金对农家肥投资的影响并不显著，这可能是因为农地确权颁证明晰农地权属关系结构，有助于降低农地产权风险预期，从而提高农地流转租金，导致确权户的农地流转租金高于未确权户。模型 7 的结果表明，农地确权颁证在 5％的置信水平上显著提高农地流转租金。与此同时，模型 6 的结果表明，农地确权颁证对农家肥投资的正向影响并不显著，表明农地确权改革并未直接促进农家肥投资，验证了农地流转租金对农家肥投资的促进作用是稳健的。一个可能的原因是，苹果种植户获取农家肥成本较高导致农家肥投资属于资金偏型投资，而在农地抵押价值普遍偏低的情境中，农地确权颁证并未显著缓解农户流动性约束。

表 5-3　农地流转租金与农地长期投资的估计结果

变量	农家肥投资对数值				农地流转租金
	模型 3 （全样本）	模型 4 （确权户）	模型 5 （未确权户）	模型 6	模型 7
农地流转租金	0.155* (0.084)	0.186* (0.100)	0.003 (0.297)	—	—
农地确权颁证	—	—	—	0.099 (0.322)	0.548** (0.272)
户主年龄	−2.330** (1.139)	−0.384 (1.309)	−7.465** (3.305)	−1.161* (0.698)	−0.442 (0.491)
户主受教育年限	0.046 (0.283)	0.094 (0.306)	−0.086 (0.854)	−0.052 (0.205)	−0.135 (0.145)
户主是否村干部	0.222 (0.561)	0.165 (0.583)	0.250 (2.599)	0.341 (0.410)	0.185 (0.301)
家庭农业劳动力占比	−0.498 (0.871)	−0.970 (0.974)	1.539 (2.101)	−0.674 (0.589)	−0.301 (0.516)
是否有旋耕机	−0.037 (0.424)	−0.060 (0.485)	−0.037 (1.315)	−0.307 (0.347)	−0.299 (0.205)
是否有施肥开沟机	1.236** (0.492)	1.644*** (0.532)	2.157 (1.952)	0.775** (0.397)	−0.341 (0.226)
您认为您家网络、通信方便吗	0.180 (0.171)	0.192 (0.199)	−0.066 (0.521)	0.157 (0.128)	−0.001 (0.217)
离最近乡镇距离	0.331 (0.234)	0.472* (0.274)	0.287 (0.593)	0.174 (0.219)	0.004 (0.010)
土地质量	0.359** (0.146)	0.363** (0.166)	−0.076 (0.393)	0.231** (0.104)	0.092 (0.087)
树龄	−0.126 (0.320)	−0.307 (0.362)	1.064 (1.020)	0.096 (0.179)	0.255* (0.148)
是否发生过霜冻等自然灾害	0.049 (0.412)	0.222 (0.451)	−0.685 (1.370)	−0.090 (0.309)	0.179 (0.227)
村庄固定效应	控制	控制	控制	控制	控制
R-squared	0.191	0.223	0.452	0.168	0.323
观测值	465	370	95	762	465

注：括号内为稳健标准误。* 、** 和 *** 分别表示 10%、5% 和 1% 的显著性水平。

5.3.2 农地产权风险对农地长期投资的影响

表5-4给出农地产权风险对农地长期投资影响的估计结果。模型8和模型9给出是否租赁地与农地长期投资的估计结果，其中模型8控制了地区固定效应，但并未控制家庭固定效应，而模型9同时控制了地区固定效应和家庭固定效应。还应指出的是，由于地形和气候等自然条件的限制，64户农地转入户并未在自有地从事苹果种植。因此，这里剔除64户农地转入户，即样本户为401户。模型10给出农地租赁契约稳定性与农地长期投资的估计结果。

模型8和模型9的结果表明，在农地产权制度不完善的情境中，租赁地不利于激励农家肥投资，这与郜亮亮等（2013）的研究结论相一致。可能的解释是，农地权属关系结构模糊导致农地产权不稳定，降低农户收回农地长期投资收益可得性预期，抑制农家肥投资的意愿，不利于改善农地质量。与自有地相比，租赁地农家肥投资减少34.23%～42.59%，且在5%的置信水平上显著。更为重要的是，产权稳定性包括产权界定和产权执行两个层面。然而，良好的产权执行有助于改善产权稳定性，而产权执行层面的产权稳定性主要是指农地租赁契约稳定性。模型10的结果表明，农地流转期限越长越有助于激励农家肥投资，且在5%的置信水平上显著，这可能是因为农地流转期限越长越有助于农户收回资产专用性较强的农业投资的成本，提高收益可得性预期。与之类似，农地流转得到村集体经济组织批准或备案有助于激励农家肥投资，且在10%的置信水平上显著，这可能是因为，家庭承包经营导致农地所有权属于村集体经济组织所有，而农地流转得到村集体经济组织批准或备案有助于实现对农地流转的认可或背书，改善农地产权稳定性，激励农家肥投资。上述研究结果表明，农地租赁契约越稳定越有助于激励农家肥投资，改善土地质量。

表5-4 产权稳定性与农地长期投资的估计结果

变量	模型8	模型9	变量	模型10
是否租赁地	−0.419**	−0.555**	农地流转期限	0.020**
	(0.204)	(0.251)		(0.010)

（续）

变量	模型 8	模型 9	变量	模型 10
户主年龄	−1.026* (0.592)	—	农地流转是否得到村集体 经济组织批准或备案	1.607* (0.800)
户主受教育年限	−0.190 (0.157)	—	离最近乡镇距离的差异	0.331 (0.306)
户主是否村干部	0.319 (0.314)	—	土地质量的差异	0.001 (0.139)
家庭农业劳动力占比	−1.460*** (0.471)	—	树龄的差异	0.778*** (0.251)
是否有旋耕机	0.228 (0.225)	—	是否发生过霜冻等自然灾 害的差异	−0.338 (0.513)
是否有施肥开沟机	0.846*** (0.305)	—		
您认为您家网络、通 信方便吗	−0.061 (0.099)	—		
离最近乡镇距离	−0.341** (0.166)	−0.317 (0.308)		
土地质量	0.235*** (0.078)	0.087 (0.143)		
树龄	−0.001 (0.151)	0.077 (0.293)		
是否发生过霜冻等自 然灾害	−0.103 (0.237)	0.413 (0.428)		
地区固定效应	控制	控制		
家庭固定效应	未控制	控制		
R-squared	0.037	0.614	R-squared	0.066
观测值	1 163	1 163	观测值	401

注：括号内为稳健标准误。*、**和***分别表示10%、5%和1%的显著性水平。

5.3.3　稳健性检验

表 5-1 的结果表明，转入户与未转入户在户主特征、家庭特征和地块特征等方面存在显著差异，表明样本户参与农地租赁市场的选择问题较严

重。因此，这里使用倾向得分匹配法进行稳健性检验。在匹配前，本研究首先检验平衡性假设和共同支撑假设。表5-5给出平衡性假设检验的估计结果，而图5-1给出倾向得分值的结果分布。结果显示，匹配后大部分协变量不再存在显著差异或差异的显著性降低，且大部分样本处于共同支撑域内，因此本研究使用倾向得分匹配法是合适的。

表5-5　平衡性假设检验的估计结果

变量名称	匹配前匹配后	处理组	控制组	T值
户主年龄	前	3.900	3.983	−4.84***
	后	3.900	3.824	2.57**
户主受教育年限	前	2.012	1.865	2.85***
	后	2.012	2.037	−0.63
户主是否村干部	前	0.125	0.131	−0.24
	后	0.125	0.116	0.42
家庭农业劳动力占比	前	0.559	0.586	−1.55
	后	0.559	0.562	0.16
是否有旋耕机	前	0.455	0.319	3.77***
	后	0.455	0.414	1.24
是否有施肥开沟机	前	0.175	0.094	3.12***
	后	0.175	0.141	1.39
您认为您家网络、通信方便吗	前	4.265	4.124	1.69
	后	4.265	4.316	−0.72
离最近乡镇距离	前	1.566	1.934	−6.34***
	后	1.566	1.655	−1.71*
土地质量	前	2.009	2.332	−3.24***
	后	2.009	2.036	−0.33
树龄	前	2.807	2.972	−3.89***
	后	2.807	2.813	−0.15
是否发生过霜冻等自然灾害	前	0.244	0.248	−0.15
	后	0.244	0.233	0.39

注：*、**和***分别表示10%、5%和1%的显著性水平。

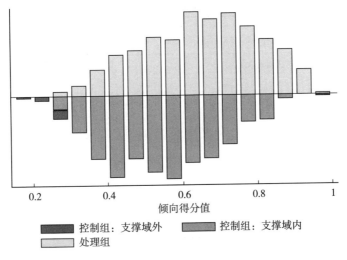

控制组：支撑域外　　　控制组：支撑域内

处理组

图 5-1　倾向得分值

表 5-6 给出倾向得分匹配法的估计结果。结果表明，无论采用最近邻匹配、半径匹配或核匹配，农户转入农地均显著促进农家肥投资，从而改善土地质量，表明上述研究结果是稳健的。

表 5-6　倾向得分匹配法的估计结果

匹配方法	处理组	控制组	差异	标准差	T 值
最近邻匹配	4.100	3.218	0.882***	0.265	4.07
半径匹配	4.295	3.116	1.179***	0.343	3.44
核匹配	4.297	3.134	1.163***	0.332	3.50

注：*、** 和 *** 分别表示 10%、5% 和 1% 的显著性水平。

值得注意的是，农地流转规模对农地长期投资的影响可能存在遗漏变量、双向因果等内生性问题，本研究利用工具变量法进行稳健性检验。借鉴李星光等（2019）的研究，选取第二轮承包时村集体经济组织分配给农户家庭的初始土地规模作为工具变量，这是因为，第二轮承包时初始土地规模与当前土地经营规模高度相关，而农户通常无法改变初始分配的土地规模，从而保证工具变量的外生性。表 5-7 给出两阶段最小二乘法的估计结果。模型 11 的结果显示，农地转入规模越大越有助于显著促进农家肥投资，改善土地质量，表明上述研究结果是稳健的。还应指出的是，模型 11 的 F 值大于经验值 10，故不必担心存在弱工具变量问题。

表 5-7　两阶段最小二乘法的估计结果

变量	模型 11
农地转入规模	0.974（0.486）**
第二轮承包时初始土地规模	−0.410（0.070）***
户主特征	控制
家庭特征	控制
地块特征	控制
村庄固定效应	控制
F 值	34.067
样本数	762

注：括号内为稳健标准误。*、** 和 *** 分别表示 10%、5% 和 1% 的显著性水平。为节省篇幅，这里并未汇报两阶段最小二乘法第一阶段模型的估计结果。

5.4　本章小结

本章以农户收益最大化为目标，构建农地租赁契约对农地长期投资影响的分析框架，利用 OLS 模型、倾向得分匹配法、工具变量法、准自然实验法、家庭固定效应模型及 762 户农户层面和 1 163 个地块层面的微观调查数据，实证分析农地流转规模、农地流转租金、是否租赁地和农地租赁契约稳定性对农地长期投资的影响机制。研究发现：

（1）农户转入农地及农地转入规模越大，越有助于摊薄农地长期投资的成本，提高农地长期投资收益大小，激励农地长期投资意愿，从而促进农家肥投资，最终改善土地质量。实证结果表明，农地流转规模越大，农户参与农地转入越有助于促进农家肥投资，改善土地质量，且在 1% 的置信水平上显著。此外，倾向得分匹配法和工具变量法的估计结果表明，上述研究结果是稳健的。

（2）在农地租赁市场具有有效性的情境中，农地流转租金能有效反映土地质量，有助于改善农户收回农地长期投资收益可得性的预期，从而激励农家肥投资，改善土地质量。实证结果表明，农地流转租金越高越有助于促进农家肥投资，且在 10% 的置信水平上显著。进一步地，确权户农地流转租金显著促进农家肥投资，而未确权户农地流转租金对农家肥投资的正向影响并不显著，这主要是因为，农地确权颁证显著提高农地流转租金，验证了上述研究结果具有稳健性。

（3）在农地产权制度不完善的情境中，租赁地产权稳定性较弱，不利于改善农户收回农地长期投资收益可得性预期，从而抑制租赁地农家肥投资，降低租赁地土地质量。实证结果表明，与自有地相比，租赁地农家肥投资显著减少 34.23%～42.59%。

（4）在农地产权制度不完善的情境中，农地租赁契约越稳定越有助于改善农户收回农地长期投资收益可得性的预期，从而激励农地长期投资，改善土地质量。实证结果表明，农地流转期限越长越有助于激励农家肥投资，且在 5% 的置信水平上显著。类似地，农地流转得到村集体经济组织批准或备案有助于实现村集体经济组织对农地流转交易的认可或背书，从而显著激励农家肥投资，改善土地质量。

以上研究结果表明，农地长期投资的收益大小依赖于土地经营规模，而收益可得性依赖于产权稳定性。因此，为提高农户收益，从产权界定层面，政府应完善农地确权改革的相关配套措施，强化农地确权政策的执行监管；从产权执行层面，规范农地租赁契约，积极培育农地租赁市场。为降低正式产权制度改革及农地产权执行过程的交易成本，有必要充分发挥村集体经济组织及其领导者的作用。

第6章 农地租赁契约对农业 生产效率的影响

本章以契约经济学、生产经济学和农民经济学为理论支撑，基于对 762 户苹果种植户层面及 1 163 个地块层面的微观调查数据，实证分析农地 租赁契约对农业生产效率的影响机制。为验证农地租赁契约对农业生产效率 影响的理论假说，采用 OLS 模型及农户层面的微观调查数据，检验农地流 转规模及是否转入农地与农业生产效率的关系机理，并利用工具变量法和倾 向得分匹配法进行稳健性检验；采用家庭固定效应模型、中介效应模型及地 块层面的微观调查数据，检验是否租赁地与农业生产效率的关系机理，并验 证农业生产性投资的中介作用；采用 OLS 模型、中介效应模型及地块层面 的微观调查数据，检验农地租赁契约稳定性与农业生产效率的关系机理，并 验证农业生产性投资的中介作用。本章的目的在于揭示农地租赁契约与农业 生产效率的关系机理，从而管控农地产权风险，提高农业生产效率，最终促 进农业经济持续增长。

6.1 农地租赁契约对农业生产效率影响的实证模型

理论上，农户参与农地转入不仅有助于改善农业生产要素配置效率，还 有助于扩大土地经营规模，提高农业生产机械化水平，最终影响农业生产效 率。考虑到农业生产效率是连续变量，这里采用 OLS 模型检验农地转入与 农业生产效率的关系，可设定为：

$$Y = \delta_0 + \omega T + \sum \delta_i X + \Delta \qquad (6-1)$$

式（6-1）中，Y 是被解释变量，表示农户层面土地生产率和农业生产 净收益；T 是核心解释变量，表示转入农地面积和是否发生农地流转；X

是控制变量，包括户主特征、家庭特征、地块特征和地区固定效应等。其中，户主特征包括户主年龄、户主受教育年限、户主是否党员，家庭特征包括家庭农业劳动力占比、是否有果窖等设施、是否有割草机、是否有电脑，地块特征包括地块离家距离、地块离最近乡镇距离、土地质量主观评价和苹果树龄（具体含义及取值见表6-1）。此外，ω 和 δ_i 分别是核心解释变量和控制变量的系数，而 δ_0 和 Δ 分别是截距项和随机误差项。

以统分结合、家庭承包经营为主要特征的农业经营制度不利于明晰农地权属关系结构，降低租赁地的产权稳定性预期，导致租赁地农业生产性投资激励不足，进而影响农业生产效率。为检验是否租赁地与农业生产效率的关系机理，本研究借鉴 Baron et al.（1986）的方法，构建是否租赁地通过农业生产性投资影响农业生产效率的中介效应模型，可设定为：

$$Y = f_0 + \beth_1 R + \sum f_i X + \varepsilon_1 \qquad (6-2)$$

$$I = h_0 + \beth_2 R + \sum h_i X + \varepsilon_2 \qquad (6-3)$$

$$Y = k_0 + \vartheta I + \beth_3 R + \sum k_i X + \varepsilon_3 \qquad (6-4)$$

式（6-2）中，Y 是被解释变量，表示地块层面土地生产率和农业生产净收益；R 是核心解释变量，表示是否租赁地；X 是控制变量，包括户主特征、家庭特征、地块特征、地区固定效应和家庭固定效应等。借鉴仇焕广等（2017）和 Bhalla et al.（1988）的研究，式（6-2）并未控制资本和劳动力要素，这是因为资本和劳动力要素投入量可能内生于地块面积，且农地产权稳定性可能通过改变资本和劳动力等生产要素的匹配关系影响农业生产效率，而这里同时控制了地块面积和农地产权稳定性。为保证研究结论的稳健性，式（6-4）在式（6-2）的基础上加入农业生产性投资变量。式（6-3）中，I 是被解释变量，表示地块层面的化肥投资、有机肥投资和劳动力投资等农业生产性投资，而 R 和 X 分别是核心解释变量和控制变量，具体含义与式（6-2）保持一致。此外，$\beth_1$、$\beth_2$、$\beth_3$ 和 ϑ 是核心解释变量的系数；f_i、h_i 和 k_i 是控制变量的系数；f_0、h_0 和 k_0 是截距项；ε_1、ε_2 和 ε_3 是随机误差项。

在农地产权模糊的情境中，良好的农地产权执行有助于改善农地产权风险预期，从而导致租赁地之间产权稳定性的差异，影响农户农业生产性投资，进而影响农业生产效率。为检验农地租赁契约稳定性与农业生产效率的关系机理，基准模型可设定为：

$$Y_{ip} = m_0 + v_{ip} \times R_{ip} + q_{ip} \times R_{ip} \times C_{ip} + \sum m_i x_i + \sum \mu_i Z_{ip} + N + \phi$$

$$(6-5)$$

式（6-5）中，Y_{ip} 是被解释变量，表示地块层面的土地生产率和农业生产净收益，其中 i 是农户，p 是地块（$p=1$ 表示租赁地，而 $p=0$ 表示自有地）；C_{ip} 是核心解释变量，表示农地流转期限和农地流转是否得到村集体经济组织批准或备案；R_{ip} 是核心解释变量，表示是否租赁地；x_i 和 Z_{ip} 是控制变量，前者包括户主特征和家庭特征，而后者包括地块特征。此外，v_{ip}、q_{ip}、m_i 和 μ_i 是解释变量的系数，而 m_0 和 ϕ 分别是截距项和随机误差项。更为重要的是，农户可能基于自身某些特征（如个人能力）同时选择农地租赁契约和农业生产效率，从而导致遗漏变量等内生性问题，这里用 N 表示。

为解决可能存在的内生性问题，这里把租赁地农业生产效率影响因素的 OLS 模型设定为：

$$Y_{i1} = m_0 + v_{i1} + q_{i1} \times C_{i1} + \sum m_i x_i + \sum \mu_i Z_{i1} + N + \phi_1$$

$$(6-6)$$

式（6-6）中，Y_{i1} 是被解释变量，表示租赁地的农业生产效率；C_{i1} 是核心解释变量，表示农地流转期限和农地流转是否得到村集体经济组织批准或备案；Z_{i1} 是控制变量，表示租赁地的地块特征，而其他变量的含义与式（6-5）保持一致。此外，q_{i1}、m_i 和 μ_i 是解释变量的系数，而 $m_0 + v_{i1}$ 和 ϕ_1 分别是截距项和随机误差项。类似地，自有地农业生产效率影响因素的 OLS 模型可设定为：

$$Y_{i0} = m_0 + \sum m_i x_i + \sum \mu_i Z_{i0} + N + \phi_2 \qquad (6-7)$$

式（6-7）中，Y_{i0} 是被解释变量，表示自有地的农业生产效率对数值；Z_{i0} 是控制变量，表示自有地的地块特征。此外，m_i 和 μ_i 是解释变量的系数，而 m_0 和 ϕ_2 分别是截距项和随机误差项。这里把式（6-6）和式（6-7）差分后可得：

$$Y_{i1} - Y_{i0} = v_{i1} + q_{i1} \times C_{i1} + \sum \mu_i \Delta Z_i + \phi_1 - \phi_2 \qquad (6-8)$$

式（6-8）中，$Y_{i1} - Y_{i0}$ 是被解释变量，表示租赁地和自有地农业生产效率的差异；C_{i1} 是核心解释变量，具体含义保持不变；ΔZ_i 是控制变量，表示租赁地和自有地的地块特征差异，即 $Z_{i1} - Z_{i0}$。此外，q_{i1} 和 μ_i 是解释变量的系数，而 v_{i1} 和 $\phi_1 - \phi_2$ 分别是截距项和随机误差项。更为重要的是，式（6-8）不包括个人能力等遗漏变量（N），因此，这里不必担心存在估计偏误问题。

进一步而言，为验证农业生产性投资是农地租赁契约稳定性影响农业生产效率的中介变量，这里把中介效应模型设定为：

$$\Delta I_i = a_{i1} + b_{i1} \times C_{i1} + \sum c_i \Delta Z_i + \Phi_1 - \Phi_2 \qquad (6-9)$$

$$Y_{i1} - Y_{i0} = \chi_{i1} + \psi_{i1} \times C_{i1} + Y_i \Delta I_i + \sum \zeta_i \Delta Z_i + \Theta_1 - \Theta_2$$
$$(6-10)$$

式（6-9）中，ΔI_i 是被解释变量，表示租赁地和自有地农业生产性投资的差异，即 $I_{i1} - I_{i0}$，而其他变量含义保持不变。此外，a_{i1} 和 χ_{i1} 是截距项，而 $\Phi_1 - \Phi_2$ 和 $\Theta_1 - \Theta_2$ 是随机误差项。

6.2　变量选择及描述性统计分析

表 6-1 给出被解释变量、核心解释变量和控制变量的含义和描述性统计分析结果。统计结果表明，样本户地块每亩产量平均为 3 929.10 斤 *，每亩收益平均为 6 344.65 元，单位面积化肥投资量平均为 797.31 元/亩，单位面积有机肥投资量平均为 716.83 元/亩，单位面积农业劳动力投入量平均为 17.89 天/亩，单位面积机械油费平均为 178.28 元/亩。进一步而言，与租赁地相比，自有地农业劳动力投入量、单位面积产量和单位面积收益显著更低，表明在农地产权制度不完善的情境中，租赁地产权稳定性较弱，不利于提高农业生产性投资和农业生产效率。还应指出的是，农地转入户和农地未转入户在户主年龄、户主受教育年限、是否有果窖等设施、是否有割草机、是否有电脑、地块离家距离、地块离最近乡镇距离、土地质量主观评价和苹果树龄等方面存在显著差异，表明样本户参与农地租赁市场的选择问题比较

---

　*　1 斤＝0.5 千克。——编者注

严重。因此，本研究利用倾向得分匹配法进行稳健性检验。

（1）被解释变量。借鉴仇焕广等（2017）和李谷成等（2009）的研究，这里选择单位面积产量和单位面积收益表征农业生产效率，这是因为单位面积产量表示土地生产率，有助于规避农业要素市场和产品市场有效性的影响，而单位面积收益表示农业生产利润，反映农户农业生产能力和应对市场风险能力。借鉴许庆等（2005）、林文声等（2018）和 Jacoby et al.（2002）的研究，这里选择化肥投资、有机肥投资和农业劳动力投入表征农业生产性投资。选择农业机械油费表征农业机械化水平，因为大部分农业机械运转需要消耗油料等。

（2）核心解释变量。这里选择是否参与农地转入和农地转入规模反映农地经营规模扩大，选择是否租赁地反映产权界定层面的农地产权稳定性，选择农地流转期限和农地流转是否得到村集体经济组织批准或备案反映产权执行层面的农地租赁契约稳定性。

（3）控制变量。借鉴侯建昀等（2016）和李星光等（2019）的研究，这里选择户主年龄、户主受教育年限和户主是否具有党员身份反映户主人力资本质量，选择家庭农业劳动力占比反映家庭人力资本数量，选择家庭是否有果窖等设施反映农户储存农产品的方式，选择家庭是否有割草机反映家庭农业生产机械化水平，选择农户家庭是否有电脑反映家庭信息可得性，选择地块离家距离反映农业生产便利程度，选择地块离最近乡镇距离反映到市场便利程度，选择地块质量主观评价和果树树龄反映地块农业生产价值，选择农户对农地占有权安全性的主观认知反映地块产权安全性水平。

表 6-1　描述性统计分析结果

变量名称	赋值	均值		
被解释变量		自有地	租赁地	差异值（T值）
生产性投资				
化肥投资	化肥投资对数值	5.612（0.092）	5.636（0.112）	−0.024（0.145）
有机肥投资	有机肥投资对数值	5.534（0.091）	5.306（0.115）	0.228（0.146）
农业劳动力投入	农业劳动力投入对数值	2.715（0.029）	2.584（0.037）	0.131***（0.047）

（续）

变量名称	赋值	均值		
农业生产效率				
地块层面单位面积产量	单位面积产量对数值	7.543 (0.077)	7.137 (0.118)	0.406*** (0.135)
地块层面单位面积收益	单位面积净收益对数值	8.003 (0.084)	7.548 (0.126)	0.455*** (0.145)
核心解释变量		均值	标准差	
是否参与农地转入	是=1，否=0	0.609	0.488	
农地转入规模	亩	4.256	28.808	
是否租赁地	是=1，否=0	0.400	0.490	
农地流转期限	年	15.484	12.035	
农地流转是否得到村集体经济组织批准或备案	是=1，否=0	0.017	0.130	
控制变量		未转入土地的农户	转入土地的农户	差异值（T 值）
户主特征				
户主年龄	对数值	3.983 (0.015)	3.900 (0.010)	0.083*** (0.017)
户主受教育年限	对数值	1.865 (0.044)	2.012 (0.030)	−0.147*** (0.052)
户主是否具有党员身份	是=1，否=0	0.141 (0.020)	0.119 (0.015)	0.022 (0.025)
家庭特征				
家庭农业劳动力占比	家庭农业劳动力总量与家庭劳动力总量之比（%）	0.586 (0.015)	0.559 (0.010)	0.027 (0.017)
是否有果窖等设施	是=1，否=0	0.077 (0.015)	0.024 (0.007)	0.053*** (0.015)
是否有割草机	是=1，否=0	0.319 (0.027)	0.455 (0.023)	−0.136*** (0.036)
是否有电脑	是=1，否=0	0.305 (0.027)	0.472 (0.023)	−0.167*** (0.036)

（续）

变量名称	赋值	均值		
地块特征				
地块离家距离	离家距离对数值	0.676 (0.024)	0.503 (0.017)	0.173*** (0.029)
地块离最近乡镇距离	离最近乡镇距离对数值	1.934 (0.037)	1.566 (0.040)	0.368*** (0.058)
土地质量主观评价	非常好＝1，比较好＝2，一般＝3，比较差＝4，非常差＝5	2.332 (0.084)	2.009 (0.059)	0.324*** (0.100)
苹果树龄	苹果树龄对数值	2.819 (0.030)	2.288 (0.052)	0.530*** (0.069)
对农地占有权安全性的主观认知	安全＝0，不安全＝1	0.330 (0.027)	0.391 (0.023)	−0.061* (0.035)

注：括号内是标准差。*、**和***分别表示10%、5%和1%的显著性水平。

6.3 实证结果与分析

6.3.1 农地流转规模对农业生产效率的影响

表6-2给出农地流转规模对农业生产效率影响的估计结果。模型1给出农地转入规模与单位面积产量的关系，模型2给出是否转入农地与单位面积产量的关系。类似地，模型3给出农地转入规模与单位面积收益的关系，模型4给出是否转入农地与单位面积收益的关系。进一步地，模型5给出农地转入规模与农业机械油费的关系。对单位面积产量而言，模型1的结果表明，农户转入农地规模越大，越有助于扩大土地经营规模，提高农业生产机械化水平，从而增加单位面积产量，且在1%的置信水平上显著。模型2的结果表明，与未转入农地的农户相比，农户参与农地转入有助于显著提高单位面积产量，这与冒佩华等（2015）的研究结论相一致。与之类似，模型3的结果表明，农户转入农地规模越大，越有助于扩大土地经营规模，从而显著提高单位面积收益。模型4的结果表明，与未转入农地的农户相比，农户

参与农地转入有助于显著提高单位面积收益。进一步而言,模型 5 的结果表明,农地转入规模扩大有助于在 1% 的置信水平上显著提高农业机械油费,这可能是因为农业经营规模越大越便于机械化作业,从而有助于获得农业规模经济效应。上述结果表明,农地市场化交易不仅扩大土地经营规模,降低生产性投资成本,获得规模经济效应,而且改善农地要素配置效率,从而提高农业生产效率。

表 6 - 2　农地流转规模与农业生产效率的估计结果

变量	单位面积产量		单位面积收益		农业机械油费对数值
	模型 1	模型 2	模型 3	模型 4	模型 5
农地转入规模	392.372***	—	956.758***	—	0.210***
	(137.695)		(335.985)		(0.048)
是否转入农地	—	242.445*	—	1 979.106***	—
		(140.652)		(413.495)	
户主年龄	−0.352***	−0.418***	−0.875	−1.120	−0.419**
	(0.124)	(0.137)	(0.764)	(0.813)	(0.174)
户主受教育年限	0.015	0.022	0.313**	0.332**	0.048
	(0.038)	(0.038)	(0.149)	(0.151)	(0.066)
户主是否党员身份	0.083	0.116*	−0.040	0.180	−0.062
	(0.070)	(0.069)	(0.364)	(0.348)	(0.106)
家庭农业劳动力占比	0.999***	1.011***	0.138	0.166	0.277
	(0.127)	(0.127)	(0.551)	(0.550)	(0.193)
是否有果窖等设施	0.123	0.171	−0.387	0.131	−0.013
	(0.139)	(0.142)	(0.998)	(1.015)	(0.292)
是否有割草机	0.034	0.097*	1.755***	2.047***	0.566***
	(0.063)	(0.060)	(0.279)	(0.302)	(0.090)
是否有电脑	0.140***	0.166***	0.964***	1.037***	0.160*
	(0.057)	(0.060)	(0.258)	(0.271)	(0.090)
地块离家距离	0.167**	0.177**	0.443	0.607*	0.268**
	(0.072)	(0.074)	(0.335)	(0.369)	(0.135)
地块离最近乡镇距离	0.129***	0.116***	0.824***	0.738***	0.048
	(0.038)	(0.038)	(0.254)	(0.248)	(0.065)

（续）

变量	单位面积产量		单位面积收益		农业机械油费对数值
	模型 1	模型 2	模型 3	模型 4	模型 5
土地质量主观评价	−0.029	−0.015	−0.117	−0.020	0.065*
	(0.026)	(0.025)	(0.107)	(0.104)	(0.035)
苹果树龄	0.082***	0.028	0.898***	0.668***	−0.089*
	(0.031)	(0.033)	(0.210)	(0.199)	(0.050)
农地占有权安全性的主观认知	0.004	−0.013	0.166	0.051	−0.007
	(0.025)	(0.025)	(0.144)	(0.140)	(0.048)
地区固定效应	控制	控制	控制	控制	控制
R-squared	0.187	0.146	0.228	0.197	0.127
观测值	762	762	762	762	762

注：括号内是稳健标准误。*、** 和 *** 分别表示 10%、5% 和 1% 的显著性水平。

6.3.2 农地产权风险对农业生产效率的影响

表 6-3 给出是否租赁地与农业生产效率的估计结果。为避免可能存在的遗漏变量问题，本研究利用逐步回归法进行检验。模型 6 给出未控制其他变量的情境中是否租赁地与单位面积产量的关系，模型 7 给出控制户主特征、家庭特征、地块特征和地区固定效应后是否租赁地与单位面积产量的关系，模型 8 给出控制地块特征、地区固定效应和家庭固定效应后是否租赁地与单位面积产量的关系。类似地，模型 9 给出未控制其他变量的情境中是否租赁地与单位面积收益的关系，模型 10 给出控制户主特征、家庭特征、地块特征和地区固定效应后是否租赁地与单位面积收益的关系，模型 11 给出控制地块特征、地区固定效应和家庭固定效应后是否租赁地与单位面积收益的关系。

模型 6、模型 7 和模型 8 的结果表明，租赁地产权稳定性较弱，降低租赁地单位面积产量，这与仇焕广等（2017）的研究结论相一致。与自有地相比，租赁地的单位面积产量显著下降 33.97%。类似地，模型 9、模型 10 和模型 11 的结果表明，租赁地产权稳定性较弱，降低租赁地单位面积收益。与自有地相比，租赁地单位面积收益显著下降 35.73%。可能的解释是，农地产权制度不完善导致农地权属关系结构模糊，不利于改善租赁地产权风险预期，抑制农业生产性投资的激励，从而降低农业生产效率。上述结果表明，租赁地产权稳定性较弱，显著降低租赁地农业生产效率。

表 6-3 是否租赁地与农业生产效率的估计结果

变量	单位面积产量			单位面积收益		
	模型 6	模型 7	模型 8	模型 9	模型 10	模型 11
是否租赁地	−0.406***	−0.488***	−0.415**	−0.455***	−0.555***	−0.442**
	(0.141)	(0.135)	(0.172)	(0.151)	(0.146)	(0.179)
户主年龄	—	−0.004		—	−0.008	
		(0.007)			(0.008)	
户主受教育年限	—	−0.004		—	−0.002	
		(0.018)			(0.021)	
户主是否党员身份	—	0.059		—	−0.088	
		(0.193)			(0.219)	
家庭农业劳动力占比	—	−0.156		—	−0.084	
		(0.288)			(0.308)	
是否有果窖等设施	—	−0.359		—	−0.251	
		(0.291)			(0.321)	
是否有割草机	—	−0.062		—	0.058	
		(0.133)			(0.145)	
是否有电脑	—	−0.072	—	—	−0.104	—
		(0.127)			(0.139)	
地块面积	—	−0.696***	−0.767***	—	−0.726***	−0.791***
		(0.115)	(0.171)		(0.124)	(0.181)
地块离家距离	—	0.258**	0.258	—	0.322**	0.386*
		(0.123)	(0.224)		(0.135)	(0.234)
地块离最近乡镇距离	—	−0.180**	−0.104	—	−0.253**	−0.139
		(0.090)	(0.188)		(0.100)	(0.202)
土地质量主观评价	—	−0.051	0.032	—	−0.048	0.029
		(0.049)	(0.100)		(0.053)	(0.108)
苹果树龄	—	0.102***	0.106***	—	0.109***	0.117***
		(0.009)	(0.015)		(0.010)	(0.016)

（续）

变量	单位面积产量			单位面积收益		
	模型 6	模型 7	模型 8	模型 9	模型 10	模型 11
农地占有权安全性的主观认知	—	0.098 (0.124)	0.284 (0.232)	—	0.044 (0.135)	0.208 (0.245)
地区固定效应	未控制	控制	控制	未控制	控制	控制
家庭固定效应	未控制	未控制	控制	未控制	未控制	控制
R-squared	0.008	0.249	0.688	0.008	0.232	0.691
观测值	1 163	1 163	1 163	1 163	1 163	1 163

注：括号内是稳健标准误。＊、＊＊和＊＊＊分别表示10％、5％和1％的显著性水平。

为验证农业生产性投资是是否租赁地对农业生产效率影响的中介变量，表6-4给出是否租赁地与农业生产性投资的估计结果，表6-5给出是否租赁地、农业生产性投资与农业生产效率的估计结果。模型12a和模型12b分别给出控制户主特征、家庭特征、地块特征和地区固定效应后以及控制地块特征、地区固定效应和家庭固定效应后是否租赁地与化肥投资的关系，模型13a和模型13b分别给出控制户主特征、家庭特征、地块特征和地区固定效应后以及控制地块特征、地区固定效应和家庭固定效应后是否租赁地与有机肥投资的关系，模型14a和模型14b分别给出控制户主特征、家庭特征、地块特征和地区固定效应后以及控制地块特征、地区固定效应和家庭固定效应后是否租赁地与劳动力投入的关系。

模型12b和模型13b的结果表明，与自有地相比，租赁地降低农户化肥投资和有机肥投资，但效果并不显著，这可能是因为化肥和有机肥投资的收益回收期相对较短，有助于农户及时收回肥料投资的收益。模型14b的结果表明，与自有地相比，租赁地有助于显著降低农业劳动力投入。这可能是因为在当前苹果生产技术条件下，苹果产业仍是劳动密集型产业，在多数苹果生产环节中，农业劳动力投入是重要的生产要素投入，其中，果园修建等生产环节的农业劳动力投入与特定地块果树相关，难以及时收回劳动力投入的收益。上述结果表明，租赁地的产权稳定性较弱，导致租赁地农业生产性投资降低。

表 6 - 4　是否租赁地与农业生产性投资的估计结果

变量	化肥投资		有机肥投资		农业劳动力投入	
	模型 12a	模型 12b	模型 13a	模型 13b	模型 14a	模型 14b
是否租赁地	−0.188	−0.094	−0.451 ***	−0.213	−0.222 ***	−0.155 ***
	(0.146)	(0.192)	(0.154)	(0.207)	(0.038)	(0.048)
户主年龄	0.008	—	−0.014 *	—	0.007 ***	—
	(0.008)		(0.008)		(0.002)	
户主受教育年限	0.025	—	0.025	—	0.005	—
	(0.023)		(0.026)		(0.006)	
户主是否党员身份	−0.249	—	−0.073	—	−0.019	—
	(0.210)		(0.205)		(0.056)	
家庭农业劳动力占比	−0.858 **	—	0.979 ***	—	0.031	—
	(0.346)		(0.350)		(0.084)	
是否有果窖等设施	0.196	—	−0.985 **	—	−0.133 *	—
	(0.321)		(0.414)		(0.078)	
是否有割草机	0.079	—	0.212	—	−0.085 **	—
	(0.142)		(0.153)		(0.037)	
是否有电脑	−0.097	—	0.049	—	0.047	—
	(0.144)		(0.152)		(0.037)	
地块面积	−0.471 ***	−0.351 **	−0.455 ***	−0.504 **	−0.486 ***	−0.460 ***
	(0.112)	(0.173)	(0.112)	(0.201)	(0.033)	(0.045)
地块离家距离	−0.084	0.003	0.288 **	0.226	0.030	−0.008
	(0.152)	(0.241)	(0.133)	(0.261)	(0.038)	(0.067)
地块离最近乡镇距离	−0.210 **	−0.271	0.218 *	0.587 ***	−0.096 ***	−0.131 **
	(0.105)	(0.183)	(0.117)	(0.225)	(0.028)	(0.055)
土地质量主观评价	−0.235 ***	−0.224 *	−0.111 *	0.011	0.009	0.007
	(0.061)	(0.118)	(0.061)	(0.118)	(0.015)	(0.027)
苹果树龄	0.036 ***	0.030 **	0.041 ***	0.015	0.019 ***	0.016 ***
	(0.008)	(0.014)	(0.008)	(0.016)	(0.002)	(0.004)
农地占有权安全性的主观认知	0.408 ***	0.158	0.220	−0.062	0.069 *	0.059
	(0.140)	(0.247)	(0.146)	(0.276)	(0.036)	(0.062)
地区固定效应	控制	控制	控制	控制	控制	控制
家庭固定效应	未控制	控制	未控制	控制	未控制	控制
R-squared	0.119	0.644	0.075	0.604	0.448	0.579
观测值	1 163	1 163	1 163	1 163	1 163	1 163

注：括号内是稳健标准误。 * 、 ** 和 *** 分别表示 10%、5% 和 1% 的显著性水平。

进一步而言，模型 15 在模型 8 的基础上加入农业生产性投资相关变量，分析农业生产性投资、是否租赁地对单位面积产量影响的中介变量；模型 16 在模型 11 的基础上加入农业生产性投资相关变量，分析农业生产性投资、是否租赁地对单位面积收益影响的中介变量。具体而言，模型 15 的结果表明，农业劳动力投入增多有助于提高单位面积产量，且在 1% 的置信水平上显著，这可能是因为苹果产业仍是劳动密集型产业，果园修建等环节的劳动力投入与特定果树相关。而租赁地对单位面积产量的影响不再显著，表明农业劳动力投入是租赁地对单位面积产量影响的中介变量。类似地，模型 16 的结果表明，农业劳动力投入增多有助于提高单位面积收益，且在 1% 的置信水平上显著，而租赁地对单位面积收益的影响不再显著，表明农业劳动力投入是租赁地对单位面积收益影响的中介变量。上述结果表明，与自有地相比，租赁地产权稳定性较弱，不利于激励农业生产性投资，会降低农业生产效率。

表 6-5　是否租赁地、农业生产性投资与农业生产效率的估计结果

变量	单位面积产量	单位面积收益
	模型 15	模型 16
是否租赁地	−0.070	−0.088
	(0.142)	(0.151)
化肥投资	0.031	0.034
	(0.038)	(0.043)
有机肥投资	0.041	0.064
	(0.037)	(0.041)
农业劳动力投入	2.153***	2.179***
	(0.172)	(0.183)
地块面积	0.271*	0.264
	(0.164)	(0.175)
地块离家距离	0.254	0.372**
	(0.162)	(0.175)
地块离最近乡镇距离	0.153	0.102
	(0.152)	(0.165)

（续）

变量	单位面积产量	单位面积收益
	模型 15	模型 16
土地质量主观评价	0.001	−0.003
	(0.076)	(0.082)
苹果树龄	0.072***	0.080***
	(0.011)	(0.013)
农地占有权安全性的主观认知	0.097	0.080
	(0.097)	(0.105)
地区固定效应	控制	控制
家庭固定效应	控制	控制
R-squared	0.816	0.807
观测值	1 163	1 163

注：括号内是稳健标准误。*、** 和 *** 分别表示 10%、5% 和 1% 的显著性水平。

表 6-6 给出农地租赁契约稳定性与农业生产效率的估计结果。模型 17 和模型 19 分别给出农地租赁契约稳定性对单位面积产量和单位面积收益的影响。考虑到 64 户转入户并未在自有地种植苹果，直接剔除这类样本户可能导致估计偏误。因此，模型 18 和模型 20 分别给出剔除 64 户农地转入户后农地租赁契约稳定性对单位面积产量和单位面积收益的影响。结果发现，是否剔除 64 户未在自有地种植苹果的转入户并未显著影响主要研究结论，因此，这里给出 401 户农地转入户的估计结果。

模型 18 的结果表明，农地流转期限延长有助于促进单位面积产量，且在 5% 的置信水平上显著，这可能是因为农地流转期限延长有助于延长农地租赁交易持续性，稳定农地产权风险预期，激励农业生产性投资，从而提高单位面积产量。然而，这与仇焕广等（2017）农地流转期限延长并未显著促进土地生产效率的研究结论不一致，可能是因为作为高价值农产品，苹果种植户流转期限越短导致农地产权风险越大，最终造成较高的租值耗散，不利于激励农业投资。与农地流转未得到村集体经济组织批准或备案相比，农地流转得到村集体经济组织批准或备案有助于促进单位面积产量，且在 1% 的置信水平上显著。一个可能的解释是，在家庭承包经营的农地产权制度安排下，农地所有权属于村集体经济组织所有，因此农地流转得到村集体经济组织批准或备案有助于实现村集体经济组织对农地流转的认可或背书，从而稳定农地产权风险预期，提高单位面积产量。类似地，模型 20 的结果表明，农地流转期限延长有助于在 5% 的水平上显著促进单位面积收益，农地流转得到村集体经济组织批准或备案有助于促进单位面积收益，且在 1% 的置信水平上显著。上述结果表明，农地流转期限延长以及农地流转得到村集体经济组织批准或备案有助于降低农地产权风险预期，提高农业生产效率。

表 6-6　农地租赁契约稳定性与农业生产效率的估计结果

变量	单位面积产量		单位面积收益	
	模型 17	模型 18	模型 19	模型 20
农地流转期限	0.146*	0.217**	0.129	0.214**
	(0.086)	(0.097)	(0.091)	(0.103)
农地流转是否得到村集体经济组织批准或备案	1.521***	1.612***	1.527***	1.508***
	(0.564)	(0.644)	(0.544)	(0.622)
地块面积的差异值	−0.373***	−0.372	−0.383***	−0.410**
	(0.133)	(0.163)	(0.138)	(0.170)
地块离家距离的差异值	0.322**	0.315**	0.445***	0.448***
	(0.140)	(0.145)	(0.153)	(0.160)
地块离最近乡镇距离的差异值	0.107	−0.058	0.060	−0.155
	(0.255)	(0.327)	(0.269)	(0.356)
土地质量主观评价的差异值	0.172*	0.093	0.205	0.131
	(0.092)	(0.124)	(0.098)	(0.130)
苹果树龄的差异值	2.751***	2.750***	2.863***	2.848***
	(0.179)	(0.262)	(0.190)	(0.277)
农地占有权安全性主观认知的差异值	0.171	0.078	0.207	0.128
	(0.130)	(0.144)	(0.143)	(0.161)
R-squared	0.666	0.453	0.658	0.434
观测值	465	401	465	401

注：括号内是稳健标准误。*、** 和 *** 分别表示 10%、5% 和 1% 的显著性水平。

表 6-7 给出农地租赁契约稳定性与农业生产性投资的估计结果。模型 21 给出农地租赁契约稳定性与化肥投资的关系，模型 22 给出农地租赁契约稳定性与有机肥投资的关系，模型 23 给出农地租赁契约稳定性与劳动力投入的关系。模型 21、模型 22 和模型 23 的结果表明，农地流转期限延长和农地流转得到村集体经济组织批准或备案有助于显著促进化肥投资、有机肥

投资和农业劳动力投入，这可能是因为，农地租赁契约越稳定越有助于改善农地产权稳定性预期，从而促进农业生产性投资。

表 6-7　农地租赁契约稳定性与农业生产性投资的估计结果

变量	化肥投资	有机肥投资	劳动力投入
	模型 21	模型 22	模型 23
农地流转期限	0.081*	0.145**	0.037*
	(0.043)	(0.067)	(0.023)
农地流转是否得到村集体经济组织批准或备案	1.447*	1.386**	0.408*
	(0.889)	(0.684)	(0.247)
地块面积的差异值	−0.142	−0.151	−0.295***
	(0.090)	(0.169)	(0.041)
地块离家距离的差异值	0.014	0.213	0.037
	(0.068)	(0.150)	(0.049)
地块离最近乡镇距离的差异值	0.034	0.319	0.051
	(0.195)	(0.281)	(0.116)
土地质量主观评价的差异值	0.001	−0.024	0.045
	(0.040)	(0.096)	(0.032)
苹果树龄的差异值	0.409***	0.728***	0.545***
	(0.093)	(0.179)	(0.057)
农地占有权安全性主观认知的差异值	−0.050	0.038	0.008
	(0.074)	(0.092)	(0.039)
R-squared	0.111	0.108	0.395
观测值	401	401	401

注：括号内是稳健标准误。*、** 和 *** 分别表示 10%、5% 和 1% 的显著性水平。

表 6-8 给出农地租赁契约稳定性、农业生产性投资与农业生产效率的估计结果。模型 24 在模型 18 的基础上引入农业生产性投资相关变量，分析农业生产性投资是否是农地租赁契约稳定性对单位面积产量影响的中介变量，模型 25 在模型 20 的基础上引入农业生产性投资相关变量，分析农业生产性投资是否是农地租赁契约稳定性对单位面积收益影响的中介变量。模型 24 的结果表明，农业劳动力投入增多有助于提高单位面积产量，且在 1% 的置信水平上显著，但农地流转期限延长以及农地流转得到村集体经济组织批准或备案对单位面积产量影响的显著性下降，甚至不再显著，表明农业劳动力投入是农地租赁契约稳定性对单位面积产量影响的中介变量。类似地，模

型 25 的结果表明，农业劳动力投入增多有助于显著提高单位面积收益，但农地流转期限延长以及农地流转得到村集体经济组织批准或备案对单位面积收益的影响不再显著，表明农业劳动力投入是农地租赁契约稳定性对单位面积收益影响的中介变量。上述研究结果表明，农地租赁契约越稳定，越有助于改善农地产权稳定性预期，激励农业生产性投资，从而提高农业生产效率。

表 6-8　农地租赁契约稳定性、生产性投资与农业生产效率的估计结果

变量	单位面积产量	单位面积收益
	模型 24	模型 25
农地流转期限	0.119*	0.106
	(0.064)	(0.069)
农地流转是否得到村集体经济组织批准或备案	0.504	0.355
	(0.442)	(0.480)
化肥投资	0.022	0.045
	(0.120)	(0.131)
有机肥投资	−0.061	−0.047
	(0.063)	(0.065)
农业劳动力投入	2.843***	3.002***
	(0.231)	(0.245)
地块面积的差异值	0.460***	0.473
	(0.150)	(0.154)
地块离家距离的差异值	0.223*	0.347**
	(0.136)	(0.152)
地块离最近乡镇距离的差异值	−0.185	−0.295
	(0.225)	(0.247)
土地质量主观评价的差异值	−0.035	−0.004
	(0.077)	(0.080)
苹果树龄的差异值	1.238***	1.230***
	(0.230)	(0.244)
农地占有权安全性主观认知的差异值	0.059	0.109
	(0.106)	(0.123)
R-squared	0.722	0.706
观测值	401	401

注：括号内是稳健标准误。*、** 和 *** 分别表示 10%、5% 和 1% 的显著性水平。

6.3.3 稳健性检验

表 6-1 的结果表明，参与农地流转的农户和未参与农地流转的农户在户主特征、家庭特征和地块特征等方面存在显著差异，表明样本户参与农地流转的自选择问题比较严重，且农户可能有选择地耕种部分地块。鉴于此，本研究采用倾向得分匹配法进行稳健性检验。匹配前，首先检验平衡性假设和共同支撑假设。表 6-9 给出平衡性假设检验的估计结果，图 6-1 给出倾向得分值的结果分布。结果显示，匹配后大部分协变量不再存在显著差异或差异的显著性降低，表明平衡性假设得到满足。

表 6-9 平衡性假设检验的估计结果

变量	匹配前匹配后	地块层面数据均值		T 值	家庭层面数据均值		T 值
		处理组	控制组		处理组	控制组	
户主年龄	前	50.411	52.269	−3.15***	50.411	55.007	−6.33***
	后	50.654	50.069	0.86	50.919	49.937	1.25
户主受教育年限	前	7.576	7.334	1.26	7.576	6.815	3.10***
	后	7.582	7.405	0.81	7.569	7.909	−1.59
户主是否党员身份	前	0.118	0.133	−0.75	0.118	0.141	−0.93
	后	0.118	0.109	0.39	0.118	0.105	0.59
家庭农业劳动力占比	前	0.559	0.567	−0.64	0.559	0.587	−1.60*
	后	0.560	0.561	−0.10	0.564	0.570	−0.42
是否有果窖等设施	前	0.024	0.044	−1.86*	0.024	0.077	−3.53***
	后	0.023	0.031	−0.68	0.023	0.013	1.15
是否有割草机	前	0.454	0.411	1.44	0.454	0.320	3.71***
	后	0.446	0.489	−1.27	0.447	0.428	0.57
是否有电脑	前	0.471	0.411	2.02**	0.471	0.306	4.57***
	后	0.469	0.483	−0.42	0.463	0.494	−0.92
地块面积	前	1.025	1.260	−4.96***	—	—	—
	后	1.066	1.157	−1.64*			
地块离家距离	前	0.760	0.623	4.74***	0.503	0.676	−6.00***
	后	0.688	0.738	−1.65*	0.539	0.561	−0.90
地块离最近乡镇距离	前	1.849	1.869	−0.54	1.567	1.936	−6.38***
	后	1.845	1.903	−1.35	1.676	1.741	−1.27

（续）

变量	匹配前 匹配后	地块层面数据均值		T 值	家庭层面数据均值		T 值
		处理组	控制组		处理组	控制组	
土地质量主观评价	前	2.148	2.106	0.53	2.009	2.333	−3.25***
	后	2.104	2.141	−0.41	2.000	1.953	0.54
苹果树龄	前	15.686	16.845	−2.16**	2.289	2.820	−7.72***
	后	15.845	16.157	−0.51	2.461	2.565	−1.89*
农地占有权安全性的主观 认知	前	0.284	0.258	0.98	0.391	0.330	1.72*
	后	0.279	0.310	−0.97	0.373	0.369	0.11

注：*、** 和 *** 分别表示 10%、5% 和 1% 的显著性水平。

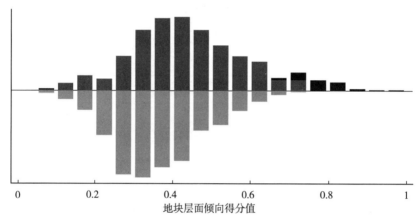

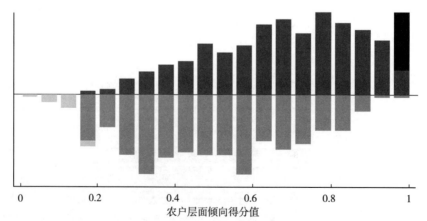

图 6-1 倾向得分值

图6-1给出倾向得分值的结果分布，上面是地块层面数据的倾向得分值，而下面是农户层面数据的倾向得分值。结果显示，大部分样本处于共同支撑域内，表明共同支撑假设得到满足。因此，本研究中使用倾向得分匹配法是合适的。

表6-10给出倾向得分匹配法的最近邻匹配估计结果。结果表明，与自有地相比，租赁地的有机肥投资、劳动力投入、单位面积产量和单位面积收益均显著较低，而农户参与农地流转有助于显著提高单位面积产量和单位面积收益，表明解决样本户自选择问题后，上述研究结果仍然是稳健的。

表6-10　倾向得分匹配法的估计结果

变量	处理组	控制组	差异值	标准差	T值
地块层面化肥投资	5.639	5.630	0.009	0.181	0.05
地块层面有机肥投资	5.296	5.614	−0.319*	0.182	−1.75
地块层面劳动力投入	2.592	2.802	−0.210***	0.058	−3.62
地块层面产量	7.147	7.639	−0.492***	0.167	−2.94
地块层面收益	7.554	8.143	−0.589***	0.179	−3.29
家庭层面产量	2 715.729	2 303.760	411.969**	188.278	2.19
家庭层面收益	6 668.202	4 594.266	2 073.936***	523.386	3.96

注：*、** 和 *** 分别表示10%、5%和1%的显著性水平。

应指出的是，农地流转规模对农业生产效率的影响可能存在内生性问题，本研究利用工具变量法进行稳健性检验。借鉴李星光等（2019）的研究，这里选择第二轮承包时村集体经济组织分配给农户家庭的初始土地规模和本村内是否有农地流转的中介服务机构作为工具变量，这是因为第二轮承包时初始土地规模与当前土地经营规模高度相关，但农户无法改变土地初始分配的规模，而单个小农户难以决定本村内是否拥有农地流转的中介服务机构，从而保证工具变量外生性。表6-11给出两阶段最小二乘法的估计结果。模型26给出农地转入规模对单位面积产量影响的两阶段最小二乘法的估计结果，模型27给出农地转入规模对单位面积收益影响的两阶段最小二乘法的估计结果。

模型26和模型27的结果表明，农地转入规模扩大有助于显著提高单位面积产量和单位面积收益，从而表明上述研究结果是稳健的。第一阶段估计结果表明，第二轮承包时初始土地规模扩大有助于显著减少农地转入规模，而本村内拥有农地流转中介服务机构有助于显著促进农地转入规模，这可能是因为第二轮承包时初始土地规模扩大有助于提高农户家庭收入，增加人力资本积累，从而造成农户倾向于非农就业，而农地流转中介服务组织有助于降低参与农地流转市场的交易成本，促进农地租赁市场发育。此外，F 值大于经验值 10，故不必担心存在弱工具变量问题，而过度识别检验的估计结果表明，上述工具变量是外生的。

表 6 - 11　两阶段最小二乘法的估计结果

变量	家庭层面单位面积产量	家庭层面单位面积收益
	模型 26	模型 27
农地转入规模	607.730* (333.565)	1 483.561** (697.397)
户主特征	控制	控制
家庭特征	控制	控制
地块特征	控制	控制
地区固定效应	控制	控制
第二轮承包时初始土地规模	−0.885*** (0.066)	−0.885*** (0.066)
本村内是否有农地流转的中介服务机构	0.305* (0.177)	0.305* (0.177)
过度识别检验	1.546 (p-statistics＝0.214)	0.176 (p-statistics＝0.675)
F 值	91.066	91.066
观测值	762	762

注：括号内为稳健标准误。* 、** 和 *** 分别表示 10%、5% 和 1% 的显著性水平。为节省篇幅，这里并未汇报两阶段最小二乘法第一阶段模型的估计结果。

考虑到不同地块间农户的农业生产效率可能存在较强的关联性或依赖性，但本研究并未搜集样本户所有地块的数据，而是随机选择部分地块，可能导致模型估计偏误，因此，这里选择只拥有一个自有地和一个租赁地的流转户以及只拥有一个自有地的未流转户组成子样本重新进行回归（表 6 - 12）。模型 28 和模型 29 的结果表明，与自有地相比，租赁地单位面积产量和单位面积收益更低，从而表明上述研究结论是稳健的。

表 6 - 12　子样本回归的估计结果

变量	单位面积产量	单位面积收益
	模型 28	模型 29
是否租赁地	−0.580*	−0.608*
	(0.341)	(0.366)
控制变量	控制	控制
R-squared	0.711	0.728
观测值	209	209

注：*、** 和 *** 分别表示 10%、5% 和 1% 的显著性水平。

6.4　本章小结

本章以农户收益最大化为目标，构建农地租赁契约对农业生产效率影响的分析框架，利用 OLS 模型、倾向得分匹配法、工具变量法、家庭固定效应模型及 762 户农户层面和 1 163 个地块层面的微观调查数据，实证分析农地流转规模、是否租赁地和农地租赁契约稳定性对农业生产效率的影响机制。研究发现：

（1）农地市场化交易不仅扩大土地经营规模，降低生产性投资成本，获得规模经济效应，而且改善农地要素配置效率，从而提高农业生产效率。实证结果表明，农户转入农地规模扩大，有助于扩大土地经营规模，提高农业生产机械化水平，从而提高单位面积产量和单位面积收益，且在 1% 的置信水平上显著。类似地，与未转入农地的农户相比，农户参与农地转入有助于显著提高单位面积产量和单位面积收益。

（2）与自有地相比，租赁地产权稳定性较弱，抑制农业生产性投资，从而降低农业生产效率。实证结果表明，租赁地产权稳定性较弱，降低租赁地单位面积产量。与自有地相比，租赁地单位面积产量显著下降 33.97%。类似地，租赁地不利于提高单位面积收益。与自有地相比，租赁地单位面积收益显著下降 35.73%。进一步而言，农业劳动力投入增多有助于提高单位面积产量，且在 1% 的置信水平上显著，但租赁地对单位面积产量的影响不再显著，表明农业劳动力投入是租赁地对单位面积产量影响的中介变量。类似地，农业劳动力投入增多有助于显著提高单位面积收益，但租赁地对单位面积收益的影响不再显著，表明农业劳动力投入是租赁地对单位面积收益影响的中介变量。

（3）农地流转期限延长以及农地流转得到村集体经济组织批准或备案有助于稳定农地产权风险预期，激励农业生产性投资，从而提高农业生产效率。实证结果表明，农地流转期限延长以及农地流转得到村集体经济组织批准或备案有助于显著促进单位面积产量和单位面积收益。进一步而言，农业劳动力投入增多有助于显著提高单位面积产量，但农地流转期限延长以及农地流转得到村集体经济组织批准或备案对单位面积产量影响的显著性下降，甚至不再显著，表明农业劳动力投入是农地租赁契约稳定性对单位面积产量影响的中介变量。类似地，农业劳动力投入增多有助于显著提高单位面积收益，但农地流转期限延长以及农地流转得到村集体经济组织批准或备案对单位面积收益的影响不再显著，表明农业劳动力投入是农地租赁契约稳定性对单位面积收益影响的中介变量。

以上研究结果表明，提高农业生产效率的关键在于提高农地租赁市场交易数量和交易质量。为此，各级政府不仅应继续推进以明晰农地权属关系结构为主要目标的农地产权制度改革，改善农地要素可得性，又应规范农地租赁契约，稳定农地产权风险预期，还应充分发挥熟人社会内部非正式规则的作用，降低产权执行成本。

第 7 章　农地租赁契约对农户家庭收入的影响

本章以契约经济学、农民经济学和福利经济学为理论指导，基于 762 户苹果种植户层面及 1 163 个地块层面的微观调查数据，实证分析农地租赁契约对农户家庭收入的影响机制。为验证农地租赁契约对农户家庭收入影响的理论假说，采用 OLS 模型及农户层面的微观调查数据，检验农地流转规模及是否转入农地与农户家庭收入的关系机理，并利用工具变量法和倾向得分匹配法进行稳健性检验；采用家庭固定效应模型及地块层面的微观调查数据，检验是否租赁地与农户家庭收入的关系机理；采用 OLS 模型及地块层面的微观调查数据，检验农地租赁契约稳定性与农户家庭收入的关系机理。本章的目的在于揭示农地租赁契约与农户家庭收入的关系机理，从而降低农地产权风险预期，提高农户家庭收入，最终促进农户福利水平的持续改善。

7.1　农地租赁契约对农户家庭收入影响的实证模型

不完善的农地产权制度不利于改善农地产权稳定性预期，抑制农地租赁市场的培育，从而影响农户家庭收入。考虑到农户家庭收入是连续变量，本研究采用 OLS 模型检验农地转入与农户家庭收入的关系，计量模型可设定为：

$$Income = \omega_0 + \rho \times T + \sum \omega_i X_i + \vartheta_1 \qquad (7-1)$$

式（7-1）中，$Income$ 是被解释变量，表示人均苹果纯收入以及人均非农工资性收入；T 是核心解释变量，用是否发生农地转入和转入果园面积对数值表示；X 是控制变量，包括户主特征、家庭特征、地块特征和区位特征等。此外，ϑ_1 是随机误差项，而 ω_0 是常数项。

在农地产权模糊的情境中，农户参与农地租赁市场降低租赁地产权稳定性预期，抑制农业生产性投资激励，从而影响农户家庭收入。为检验是否租赁地与农户家庭收入的关系，计量模型可设定为：

$$Z = \gamma_0 + \mu \times Rent + \sum \gamma_i X_i + \vartheta_2 \qquad (7-2)$$

式（7-2）中，Z 是被解释变量，表示地块层面劳动力投资、有机肥投资和苹果种植收入对数值；$Rent$ 是核心解释变量，表示是否租赁地；X 是控制变量，包括户主特征、家庭特征、地块特征、区位特征和家庭固定效应等。此外，ϑ_2 是随机误差项，而 γ_0 是常数项。

在农地产权制度不完善的情境中，不同的农地租赁契约稳定性导致租赁地之间产权稳定性的差异。为检验农地租赁契约稳定性对农业生产性投资和农户家庭收入的影响，基准模型可设定为：

$$Z_{ip} = \alpha_0 + \beta_1 \times Rent + \beta_2 \times Rent \times C + \sum \alpha_i X + \sum \theta_i P_{ip} + A + \varepsilon_{ip}$$

$$(7-3)$$

式（7-3）中，Z_{ip} 是被解释变量，表示农业劳动力投资、有机肥投资和农户家庭收入的对数值，而 i 是农户，p 是地块（$p=1$ 指租赁地，而 $p=0$ 指自有地）；C 是核心解释变量，表示农地流转期限，农地流转是否签订书面合同以及农地租赁契约是否包含违约惩罚条款；X 是控制变量，包括户主特征、家庭特征和区位特征，而 P_{ip} 是地块特征；$Rent$ 仍是核心解释变量，表示是否租赁地。更为重要的是，系数 β_2 反映不同租赁地的农地租赁契约稳定性和持续性对农业劳动力投资、有机肥投资和农业经营收入的影响。值得注意的是，农户可能基于某些无法观测的变量（个人能力等）同时选择农地租赁契约和生产性投资、农户家庭收入，这里用 A 表示个人能力等遗漏变量。

对租赁地而言，农地租赁契约稳定性对农业生产性投资和农户家庭收入影响的计量模型可设定为：

$$Z_{i1} = \alpha_0 + \beta_1 + \beta_2 \times C + \sum \alpha_i X + \sum \theta_i P_{i1} + A + \varepsilon_{i1} \quad (7-4)$$

式（7-4）中，Z_{i1} 是被解释变量，表示租赁地农业生产性投资和农户家庭收入对数值；P_{i1} 是租赁地地块特征，而其他变量的含义与式（7-3）

保持一致。

对自有地而言，农业生产性投资和农户家庭收入影响因素的计量模型可设定为：

$$Z_{i0} = \alpha_0 + \sum \alpha_i X + \sum \theta_i P_{i0} + A + \varepsilon_{i0} \qquad (7-5)$$

式（7-5）中，Z_{i0} 是被解释变量，表示自有地的农业生产性投资和农户家庭收入对数值；P_{i0} 是自有地的地块特征，而其他变量的含义与式（7-3）保持一致。为解决可能存在的遗漏变量等内生性问题，本研究把式（7-4）和式（7-5）差分后可得：

$$Z_{i1} - Z_{i0} = \beta_1 + \beta_2 \times C + \sum \theta_i \Delta P_i + \varepsilon_{i1} - \varepsilon_{i0} \qquad (7-6)$$

式（7-6）中，$Z_{i1} - Z_{i0}$ 是被解释变量，表示租赁地和自有地农业劳动力投资、有机肥投资和农户家庭收入的差异；ΔP_i 是租赁地和自有地的地块特征差异，即 $P_{i1} - P_{i0}$，而其他变量的含义与式（7-3）保持一致。此外，$\varepsilon_{i1} - \varepsilon_{i0}$ 是租赁地和自有地随机误差项的差异。

7.2　变量选择及描述性统计分析

表 7-1 给出被解释变量、核心解释变量和控制变量的含义和描述性统计分析结果。统计结果表明，从农户家庭收入角度，样本户的人均苹果种植收入为 9 304.20 元/年，人均非农工资性收入为 2 791.43 元/年。从农业生产性投资角度，样本户单位面积农业劳动力投入量平均为 17.89 天/亩，单位面积有机肥投资量平均为 716.83 元/亩。从农地租赁契约稳定性角度，农地流转平均期限约为 15 年，反映农地租赁交易持续性趋于延长，使用书面合同的样本户比例约为 68%，34.84% 样本户农地租赁契约包含违约惩罚条款，反映农地租赁契约趋于正规化和规范化。

（1）被解释变量。借鉴侯建昀等（2016）和冒佩华等（2015）的研究，这里选择亩均苹果纯收入、人均苹果纯收入和人均非农工资性收入表征农户家庭收入，这是因为苹果种植收入是专业化苹果种植户的主要家庭收入来源，而苹果种植补贴较少导致农户的转移性收入较低，农地产权制度不完善导致农户财产性收入较低；选择土地生产率表征农业生产率；选择农业劳动力投资和有机肥投资表征农业生产性投资；选择农业机械油费表征农业机械化水平，这是因为大部分农业机械运转需消耗油料等。

（2）核心解释变量。这里选择是否租赁地、是否参与农地转入和转入果园面积表征农地流转，这是因为是否租赁地反映土地产权界定层面的稳定性，是否参与农地转入和转入果园面积反映农地流转规模。借鉴仇焕广等（2017）和李星光等（2019）的研究，这里选择农地流转期限、是否签订书面合同以及农地租赁契约是否包含违约惩罚条款表征农地租赁契约稳定性，这是因为农地流转期限反映农地流转交易持续性，是否签订书面合同反映农地流转交易规范化程度，农地租赁契约是否包含违约惩罚条款反映农地流转交易违约惩罚成本。

（3）控制变量。借鉴侯建昀等（2016）和李星光等（2019）的研究，这里选择户主年龄、户主受教育年限和户主党员身份反映户主人力资本质量，选择家庭农业劳动力占比反映家庭人力资本数量，选择家庭是否有果窖等设施反映农户储藏农产品的能力，选择家庭是否有割草机反映家庭农业生产机械化水平，选择农户家庭是否有电脑反映家庭信息可得性，选择地块离家距离反映农业生产便利程度，选择地块离最近乡镇距离反映到市场便利程度，选择地块质量主观评价和果树树龄反映地块农业生产价值。

表 7 - 1　描述性统计分析结果

变量名称	指标	赋值	均值	标准差
被解释变量				
生产性投资	农业劳动力投资	劳动力投资对数值	2.589	0.831
	有机肥投资	有机肥投资对数值	5.578	2.271
农业机械化水平	农业机械油费	农业机械油费对数值	6.531	1.298
生产效率	土地生产率	单位面积产量对数值	7.729	1.534
农户家庭收入	地块层面苹果种植收入	亩均苹果种植收入对数值	8.197	1.643
	人均苹果种植收入	元/年	9 304.202	12 578.23
	人均非农工资性收入	元/年	2 791.428	6 516.479
核心解释变量				
农地流转	是否租赁地	是＝1，否＝0	0.400	0.490
	是否参与农地转入	是＝1，否＝0	0.609	0.488
	转入果园面积	转入果园面积对数值	0.626	0.960

（续）

变量名称	指标	赋值	均值	标准差
契约稳定性	农地流转期限	农地流转期限对数值	2.237	1.328
	是否签订书面合同	是＝1，否＝0	0.684	0.465
	农地租赁契约是否包含违约惩罚条款	有违约惩罚条款＝1，无违约惩罚条款＝0	0.348	0.477
控制变量				
户主特征	户主年龄	岁	52.202	10.020
	户主受教育年限	年	7.280	3.323
	户主是否党员	是＝1，否＝0	0.127	0.334
家庭特征	农业劳动力占比	农业劳动力数/家庭总人口数	0.570	0.234
	是否有果窖等设施	是＝1，否＝0	0.045	0.207
	是否有割草机	是＝1，否＝0	0.402	0.491
	是否有电脑	是＝1，否＝0	0.407	0.492
地块特征	地块面积	地块面积对数值	1.166	0.798
	离家距离	离家距离对数值	0.570	0.399
	离最近乡镇距离	离最近乡镇距离对数值	1.710	0.801
	土地质量	非常好＝1，比较好＝2，一般＝3，比较差＝4，非常差＝5	2.135	1.355
	树龄	树龄对数值	2.496	0.960
区域特征	山东省（参照组）	是＝1，否＝0	0.467	0.499
	陕西省	是＝1，否＝0	0.532	0.499

7.3 实证结果与分析

7.3.1 农地流转规模对农户家庭收入的影响

表7-2给出农地流转规模与农户家庭收入关系的估计结果。模型1和模型2分别给出是否转入农地和农地流转规模与人均苹果纯收入的关系，模型3和模型4分别给出是否转入农地和农地流转规模与人均工资性收入的关系。模型1和模型2的结果表明，参与农地租赁市场和扩大土地经营规模有

助于提高人均苹果纯收入，且在 1% 的置信水平上显著，这与冒佩华等（2015）的研究结论相一致。与未参与农地流转相比，参与农地流转的农户人均苹果纯收入平均增加 3 328.37 元，而农地流转规模每增加 1 亩，有助于提高人均苹果纯收入 2 404.58 元。与之相反，模型 3 和模型 4 的结果表明，参与农地租赁市场和扩大土地经营规模有助于显著降低非农工资性收入。与未参与农地流转相比，参与农地流转的农户人均工资性收入平均减少 1 066.75 元，而农地流转规模每增加 1 亩，有助于人均工资性收入降低 1 376.20 元。上述结果表明，参与农地租赁市场不仅有助于改善农地要素配置效率，还有助于扩大土地经营规模，增加农业经营收入，降低非农工资性收入。

其他变量对农户家庭收入的影响符合预期。从户主特征角度，户主年龄增长显著降低人均工资性收入，但对人均苹果纯收入的抑制作用不显著，这可能是因为农户通过自我剥削的方式从事农业生产经营。户主受教育年限增加和户主拥有党员身份有助于提高人均苹果纯收入和人均工资性收入。从家庭特征角度，农业劳动力占比高有助于显著降低人均苹果纯收入，这可能是因为家庭农业劳动力占比高通常反映农业生产机械化水平偏低，不利于提高农业经营收入。农户拥有割草机和电脑有助于显著提高人均苹果纯收入，这可能是因为前者有助于提高农业生产机械化水平，后者有助于提高农业生产信息化水平。从地块特征角度，地块离家距离近有助于改善苹果生产便利程度，提高人均苹果纯收入，而地块离最近的乡镇距离越近越有助于减少农户到农产品市场的距离，提高人均苹果纯收入。类似地，土地质量主观评价越高越有助于提高人均苹果纯收入，而果树树龄越长越有助于显著提高人均苹果纯收入，这可能是因为苹果树盛果期大多出现在 10 年以上。

表 7-2　农地流转规模与农户家庭收入

变量	人均苹果纯收入		人均工资性收入	
	模型 1	模型 2	模型 3	模型 4
是否参与农地流转	3 328.373 ***	—	−1 066.747*	—
	(794.724)		(584.156)	
农地流转规模	—	2 404.577 ***	—	−1 376.197 ***
		(819.048)		(272.751)

（续）

变量	人均苹果纯收入		人均工资性收入	
	模型 1	模型 2	模型 3	模型 4
户主年龄	−84.616	−71.817	−133.959***	−147.131***
	(60.789)	(57.097)	(32.851)	(32.373)
户主受教育年限	140.120	142.951	61.852	59.108
	(126.493)	(127.740)	(65.231)	(63.497)
户主是否党员	1 362.008	1 012.836	268.355	448.296
	(1 171.875)	(1 216.011)	(705.940)	(698.500)
农业劳动力占比	−3 153.485*	−3 763.614**	−1 191.820	−801.474
	(1 695.200)	(1 799.075)	(827.523)	(821.980)
是否有果窖等设施	−157.172	−438.114	−264.022	−313.453
	(2 626.768)	(2 644.834)	(1 013.147)	(983.221)
是否有割草机	4 965.567***	4 464.761***	−1 440.862***	−1 067.439**
	(941.064)	(876.554)	(517.249)	(508.118)
是否有电脑	1 600.226*	1 560.915*	31.843	129.511
	(842.773)	(823.123)	(491.475)	(489.172)
地块离家距离	1 319.132	1 254.807	608.784	538.165
	(1 044.205)	(1 030.972)	(718.358)	(711.215)
地块离最近乡镇距离	2 655.384***	2 556.688***	70.016	5.949
	(791.240)	(764.810)	(399.022)	(395.018)
土地质量主观评价	58.611	6.530	−250.046	−224.182
	(373.574)	(309.717)	(162.086)	(159.544)
树龄	1 667.056***	1 894.844***	−437.467	−671.034**
	(610.004)	(633.024)	(309.984)	(334.058)
区域特征	控制	控制	控制	控制
R-squared	0.132	0.175	0.054	0.076
观测值	762	762	762	762

注：括号内是稳健标准误。*、** 和 *** 分别表示 10%、5% 和 1% 的显著性水平。

进一步地，为验证农地转入与家庭苹果种植收入的关系机理，表 7 - 3 给出农地转入与苹果种植收入关系机理的估计结果。模型 5 和模型 7 分别给出农地流转市场参与对农业生产率和农业机械油费的影响，而模型 6 和模型 8 分别给出农业生产率和农业机械油费对农户家庭收入的影响。模型 5 的结果表明，农户参与农地流转有助于显著提高土地生产率，且模型6的结果表明，土地生产率在1%的置信水平上显著提高人均苹果纯收入，这可能是因为农户参与农地流转有助于改善农地要素配置效率。类似地，模型7的结果表明，农地流转规模扩大显著促进农业机械油费的提高，且模型8的结果表明，农业机械油费的提高在1%的置信水平上显著提高人均苹果纯收入，这可能是因为农地流转规模扩大便于机械化作业，有助于提高农业机械化水平，获得规模经济效应，从而促进苹果纯收入。

表7-3　农地转入与苹果种植收入

变量	土地生产率	苹果纯收入	农业机械油费	苹果纯收入
	模型5	模型6	模型7	模型8
是否参与农地流转	0.173*	—	—	—
	(0.107)			
流转规模	—	—	0.113**	—
			(0.058)	
土地生产率	—	2 028.119***	—	—
		(280.851)		
农业机械油费	—	—	—	1 012.749***
				(283.517)
控制变量	控制	控制	控制	控制
R-squared	0.207	0.170	0.124	0.129
观测值	762	762	762	762

注：*、**和***分别表示10%、5%和1%的显著性水平。

7.3.2　农地产权风险对农户家庭收入的影响

表7-4给出是否租赁地、农业生产性投资与农业经营收入关系的估计结果。模型9a和模型9b分别给出是否控制家庭固定效应后是否租赁地与劳动力投入的关系，模型10a和模型10b分别给出是否控制家庭固定效应后是否租赁地与有机肥投资的关系，模型11a和模型11b分别给出是否控制家庭固定效应后是否租赁地与苹果种植收入的关系。进一步地，为验证农业生产性投资与农业经营收入的关系，模型12给出控制家庭固定效应后农业生产性投资与苹果种植收入的关系。

模型 9b 的结果表明，与自有地相比，租赁地农业劳动力投入量减少13.06％，且在 1％的置信水平上显著，这可能是因为在当前苹果生产技术条件下农业劳动力是重要的生产要素投入，而修剪果树等苹果生产环节与特定地块果树相关，导致农业劳动力投资收益难以及时收回。然而，模型 10b 的结果表明，与自有地相比，租赁地有机肥投资量较少，但效果并不显著，这可能是因为有机肥投资收益回报期相对较短，有助于及时收回肥料投资成本（Jacoby et al.，2002）。进一步地，模型 11b 的结果表明，与自有地相比，租赁地苹果种植收入减少 32.29％，且在 5％的置信水平上显著，这可能是因为在农地产权模糊的情境中，租赁地产权稳定性较弱，不利于改善租赁地生产性投资剩余索取权安全性预期，从而减弱生产性投资意愿，降低苹果种植收入。与此同时，模型 12 的结果表明，农业劳动力投入增加有助于提高苹果种植收入，且在 1％的置信水平上显著，这可能是因为在当前苹果生产技术条件下苹果产业仍是劳动密集型产业。上述结果表明，与自有地相比，租赁地产权稳定性较弱，不利于激励生产性投资，从而降低农业经营收入。

表 7-4　是否租赁地、农业生产性投资与农业经营收入

变量	ln 农业劳动力		ln 有机肥		ln 苹果种植收入		
	模型 9a	模型 9b	模型 10a	模型 10b	模型 11a	模型 11b	模型 12
是否租赁地	−0.205***	−0.140***	−0.397***	−0.229	−0.545*	−0.390**	—
	(0.038)	(0.046)	(0.149)	(0.190)	(0.145)	(0.177)	
有机肥投资	—	—	—	—	—	—	0.058
							(0.040)
劳动力投入	—	—	—	—	—	—	2.232***
							(0.176)
户主特征	控制	未控制	控制	未控制	控制	未控制	未控制
家庭特征	控制	未控制	控制	未控制	控制	未控制	未控制
地块特征	控制	控制	控制	控制	控制	控制	控制
区域特征	控制	控制	控制	控制	控制	控制	控制
家庭固定效应	未控制	控制	未控制	控制	未控制	控制	控制
R-squared	0.446	0.784	0.073	0.604	0.232	0.690	0.807
观测值	1 163	1 163	1 163	1 163	1 163	1 163	1 163

注：括号内是稳健标准误。*、** 和 *** 分别表示 10％、5％和 1％的显著性水平。

表 7-5 给出农地租赁契约稳定性与农业生产性投资的估计结果。考虑到 64 户农地转入户并未在自有地种植苹果，直接剔除该部分样本户有可能导致估计偏误，因此这里同时给出未剔除和剔除 64 户农地转入户的估计结果。结果表明，是否剔除 64 户农地转入户并未影响主要研究结论，这里主要解释剔除 64 户农地转入户的估计结果。模型 13 和模型 14 分别给出未剔除和剔除 64 户农地转入户农地租赁契约稳定性与劳动力投入的关系，而模型 15 和模型 16 分别给出未剔除和剔除 64 户农地转入户农地租赁契约稳定性与有机肥投资的关系。

模型 14 的结果表明，农地流转期限延长有助于显著促进劳动力投入，而交易双方签订书面合同以及农地租赁契约包含违约惩罚条款促进劳动力投入，但效果并不显著，这可能是因为，在熟人社会共同体内部，非正式规则能有效改善契约执行效率，而正式法庭机制交易成本较高，不利于显著改善产权稳定性。与之类似，模型 16 的结果表明，农地流转期限延长以及农地租赁契约包含违约惩罚条款有助于显著促进有机肥投资，但农地交易双方签订书面合同对有机肥投资的促进作用并不显著，这可能是因为，书面合同改善产权稳定性的效果依赖于法律制度有效性，而农地产权制度模糊不利于提高法律制度有效性。

表 7-5 农地租赁契约稳定性与农业生产性投资

变量	Δln 农业劳动力		Δln 有机肥	
	模型 13	模型 14	模型 15	模型 16
农地流转期限对数值	0.038*	0.036*	0.133**	0.132**
	(0.023)	(0.020)	(0.064)	(0.062)
是否签订书面合同	0.128*	0.100	0.164	0.101
	(0.068)	(0.070)	(0.266)	(0.273)
农地租赁契约包含违约惩罚条款	0.071	0.051	0.505***	0.512***
	(0.062)	(0.063)	(0.189)	(0.185)
控制变量的差异	控制	控制	控制	控制
R-squared	0.680	0.394	0.426	0.100
观测值	465	401	465	401

注：括号内是稳健标准误。*、** 和 *** 分别表示 10%、5% 和 1% 的显著性水平。

表7-6给出农地租赁契约稳定性与农业经营收入的估计结果。模型17和模型18分别给出未剔除和剔除64户农地转入户农地租赁契约稳定性与苹果种植收入的关系。模型18的结果表明，农地流转期限延长、农地交易双方签订书面合同，以及农地租赁契约包含违约惩罚条款有助于显著提高苹果种植收入，这可能是因为农地流转期限越长，农地交易双方签订书面合同以及农地租赁契约包含违约惩罚条款反映农地产权稳定性较强，提高农业生产性投资剩余索取权安全性预期，激励农业生产性投资，最终提高农业经营收入。上述研究结果表明，农地租赁契约越稳定越有助于激励农业生产性投资，提高农业经营收入。

表7-6 农地租赁契约稳定性与农业经营收入

变量	$\triangle$ln 苹果种植收入	
	模型 17	模型 18
农地流转期限对数值	0.140	0.217**
	(0.090)	(0.103)
是否签订书面合同	0.423*	0.488*
	(0.267)	(0.301)
农地租赁契约包含违约惩罚条款	0.738***	0.731***
	(0.253)	(0.278)
控制变量的差异	控制	控制
R-squared	0.663	0.445
观测值	465	401

注：括号内是稳健标准误。*、** 和 *** 分别表示10%、5%和1%的显著性水平。

7.3.3 稳健性检验

考虑到农户参与农地租赁市场可能并不是随机分配的，而是基于自身某些特征有选择地参与农地流转，且农户可能有选择地耕种部分地块，导致自选择问题，从而造成模型估计偏误。因此，这里使用倾向得分匹配法进行稳健性检验。在匹配样本之前，首先检验平衡性假设和共同支撑假设。结果发现，匹配后大部分协变量不再存在显著差异，且大多数样本位于共同支撑域内。为节省篇幅起见，这里并未汇报平衡性假设和共同支撑假设检验的估计结果。表7-7给出倾向得分匹配法最近邻匹配的估计结果。结果表明，农地租赁市场参与显著促进人均苹果纯收入，而租赁地对劳动力投入、有机肥投资和苹果种植收入的负向影响显著，从而表明上述计量模型的估计结果是稳健的。

表7-7 倾向得分匹配法的估计结果

变量	处理组	控制组	差异	标准差	T 值
劳动力投入	2.596	2.723	−0.127*	0.070	−1.80
有机肥投资	5.298	5.737	−0.439**	0.176	−2.49
苹果种植收入	7.542	8.155	−0.613***	0.177	−3.46
人均苹果纯收入	10 887.31	7 329.93	3 557.38***	1 075.34	3.31
人均工资性收入	2 705.80	4 086.63	−1 380.83	965.11	−1.43

注：*、** 和 *** 分别表示 10%、5% 和 1% 的显著性水平。

值得注意的是，农户个人能力等遗漏变量可能同时影响农地流转规模和农户家庭收入，且农户家庭收入可能反向影响农地流转规模，从而导致遗漏变量、双向因果等内生性问题。因此，本研究选取家中是否三代人在本村内生活以及本村是否曾发生过土地调整作为农地流转规模的工具变量。这是因为，农户三代人在本村内生活有助于积累村庄内部的社会资本，降低搜寻农地流转对象的交易成本，提高农地流转规模，而本村曾发生过土地调整不利于培育农地租赁市场，降低农地流转规模。更为重要的是，当前农户无法改变是否三代人在本村内生活，且单个农户难以决定村庄内部是否进行土地调整，从而保证了工具变量的外生性。

考虑到可能存在的弱工具变量问题，这里使用对弱工具变量更不敏感的有限信息最大似然估计法（LIML）进行稳健性检验，表7-8 给出有限信息最大似然估计法的估计结果。模型 19 和模型 20 的结果表明，农地流转规模扩大有助于显著提高人均苹果纯收入，降低人均工资性收入，从而表明上述研究结果是稳健的。过度识别检验的结果表明，上述工具变量是外生的。

表7-8 有限信息最大似然估计法（LIML）的估计结果

变量	人均苹果纯收入	人均工资性收入
	模型 19	模型 20
农地流转规模	12 118.32**	−4 828.776*
	(5 941.738)	(2 513.520)

（续）

变量	人均苹果纯收入	人均工资性收入
	模型 19	模型 20
户主特征	控制	控制
家庭特征	控制	控制
地块特征	控制	控制
区域特征	控制	控制
您家三代人在本村内生活	0.107*	0.107*
	(0.063)	(0.063)
本村是否曾发生过土地调整	−0.348**	−0.348**
	(0.152)	(0.152)
过度识别检验	Score chi2（1）＝0.025（p＝0.875）	
观测值	762	762

注：括号内是稳健标准误。*、** 和 *** 分别表示 10%、5% 和 1% 的显著性水平。

考虑到不同地块间农户苹果种植收入和生产性投资可能存在较强的关联性或依赖性，但本研究并未搜集样本户所有地块的数据，而是随机选择部分地块，可能导致模型估计偏误，因此，这里选择只拥有一个自有地和一个租赁地的流转户以及只拥有一个自有地的未流转户组成的子样本重新进行回归（表 7-9）。结果发现，与自有地相比，租赁地农业劳动力投入、有机肥投资和苹果种植收入显著更低，从而表明上述研究结论是稳健的。

表 7-9　子样本回归的估计结果

变量	ln 农业劳动力	ln 有机肥	ln 苹果种植收入
是否租赁地	−0.345**	−0.728**	−1.087
	(0.108)	(0.354)	(0.413)
控制变量	控制	控制	控制
R-squared	0.108	0.134	0.123
观测值	209	209	209

注：*、** 和 *** 分别表示 10%、5% 和 1% 的显著性水平。

7.4　本章小结

本章以农户收益最大化为目标，构建农地租赁契约对农户家庭收入影响的分析框架，利用 OLS 模型、倾向得分匹配法、工具变量法、家庭固定效应模型及 762 户农户层面和 1 163 个地块层面的微观调查数据，实证分析农地流转规模、是否租赁地和农地租赁契约稳定性对农户家庭收入的影响机制。研究发现：

（1）参与农地租赁市场不仅有助于改善农地要素配置效率，还有助于扩大土地经营规模，增加农业经营收入，降低非农工资性收入。实证结果表明，与未参与农地流转相比，参与农地流转的农户人均苹果纯收入平均增加 3 328.37 元，而农地流转规模每增加 1 亩，有助于提高人均苹果纯收入 2 404.58 元。相反地，与未参与农地流转相比，参与农地流转的农户人均非农工资性收入平均减少 1 066.75 元，而农地流转规模每增加 1 亩，有助于人均非农工资性收入降低 1 376.20 元。

（2）农地产权越稳定越有助于提高农户及时收回农业生产性投资收益可得性的预期，激励农业生产性投资，从而促进农业经营收入。从产权界定角度，租赁地产权稳定性较弱，抑制农业生产性投资，从而降低农业经营收入。实证结果表明，与自有地相比，租赁地农业劳动力投入量显著减少 13.06%，但租赁地对有机肥投资量的负向影响并不显著。进一步地，与自有地相比，租赁地苹果种植收入显著减少 32.29%。从产权执行角度，农地流转期限延长，农地交易双方签订书面合同及农地租赁契约包含违约惩罚条款有助于激励农业生产性投资，从而提高农业经营收入。实证结果表明，农地流转期限延长越有助于显著促进劳动力投入，但农地交易双方签订书面合同以及农地租赁契约包含违约惩罚条款并未显著促进劳动力投入。类似地，农地流转期限延长以及农地租赁契约包含违约惩罚条款有助于显著促进有机肥投资，但农地交易双方签订书面合同对有机肥投资促进作用并不显著。进一步地，农地流转期限延长，农地交易双方签订书面合同，以及农地租赁契约包含违约惩罚条款有助于显著提高苹果种植收入。此外，劳动力投入和有机肥投资越多越有助于显著提高苹果种植收入。

以上研究结果表明，提高农户家庭收入、改善农户福利水平的关键在于，完善农地产权制度安排，改善农地要素可得性，激励形成有助于改进农业长期投资、稳定增加农户经营收益的市场环境。因此，应继续深化农地产权制度改革，降低农地权属关系结构模糊性，从而培育农地租赁市场；规范农地租赁契约，完善相关法律法规，从而提高农地租赁契约有效性，改善产权稳定性预期；积极发挥村委会及其领导者的作用，降低产权界定层面和产权执行层面的农地产权风险预期，从而提高农户家庭收入。

第8章　研究结论与建议

改善农地租赁市场培育质量不仅是启动农地"三权"分置改革的主要目的，也是提高农户福利水平、促进农业可持续发展的重要基础，还是实施乡村振兴战略的关键举措。实践中，农业经营者行为能力受约束及法律法规制定的歧视性造成中国农地产权模糊，难以有效防范相关利益主体的机会主义行为，减弱了农地产权稳定性预期，从而影响农地租赁契约稳定性和持续性。进一步而言，农地产权模糊及农地租赁契约不完善不利于提高农户剩余索取权安全性，最终降低农业生产经营绩效。可见，农地产权风险是中国农地租赁市场发育过程中和农地租赁契约形成过程中最重要、最典型的特征。因此，本研究从正式产权制度改革和非正式规则角度，探析农地流转租金、流转规模和流转期限的形成机制。在此基础上，分析农地租赁契约对农地长期投资、农业生产效率和农户家庭收入的影响机制。本章在前文理论分析和实证研究的基础上，对农地租赁契约形成机制及契约效果研究的主要结论进行评述，并针对主要研究结论提出政策建议。

8.1　研究结论

8.1.1　农地产权制度演进逻辑、规律与特征

本研究遵循"减少农业资本转移成本—降低农业劳动力监督成本和经济建设用地成本—发挥市场机制决定性作用，促进资本替代劳动力"的演进逻辑，分析 1949 年以来农地产权制度的演进历程，阐释中央政府、地方政府、农村集体经济组织、承包经营户和经营户等相关利益主体之间的博弈机理。此外，还阐释了推动中国农地产权制度演进过程中出现的土地周期性调整，

农地租赁契约短期化、非正规化和生产行为短期化等现实问题。研究发现：

（1）在"两权"合一阶段，以低成本转移农业资本为主要目标，中央政府在农村地区建立"两权"合一的人民公社体制，而地方政府、村集体经济组织和农户缺乏发言权和选择权，必须服从中央政府的指令和要求。但农户以怠工等方式回应人民公社体制，增加了农业资本转移成本，导致大规模农业危机发生。在此情境下，中央政府允许部分地区尝试包产到户。而粮食紧缺情况稍有好转时，包产到户再次被禁止。

（2）在"两权"分离阶段，以降低农业劳动力监督成本和鼓励经济增长为主要目标，中央政府允许"两权"分离的家庭联产承包责任制，不断延长和完善承包经营权的期限和权能，从而激发承包经营户劳动积极性。在此过程中，地方政府和村集体经济组织既要满足农户自发变革农地产权制度的需求，又要完成制度创新。随着放权让利和财政分权体制改革，地方政府和村集体经济组织形成独立的行为目标和模式，导致土地周期性调整和土地财政等问题。

（3）在"三权"分置阶段，以资本替代劳动力和降低农业生产成本为主要目标，中央政府提出鼓励农地流转，通过制定、完善相关法律法规提高农地产权界定的清晰度，形成所有权、承包权和经营权分置的格局，从而降低农地产权风险预期。村集体经济组织和地方政府是改善农地租赁市场交易数量和质量的重要参与者和建设者，发挥中介、监管、指导和主导等关键性作用。而在农地租赁契约不完全以及法律制度和监督机制失灵时，农地交易当事人有可能违背农地租赁契约，损害租赁契约稳定性和持续性，且农地交易受害方无法获得符合效率标准的违约赔偿金。

以上研究结论表明，中国农地产权制度改革的根本目标在于完善农地产权制度安排，构建市场在农业资源配置过程中发挥决定性作用的体制机制。理论上，农地产权风险包含产权界定和产权执行两个层面。而农村改革以来，农地产权界定模糊提高了单个农户参与农地租赁市场的交易成本，从而影响农地租赁契约形式的选择及农业生产经营效果。现有文献遵循新制度主义范式和马克思主义市场化配置理论，分析 1949 年以来农地产权制度演进过程，但缺乏逻辑一致的可验证的理论框架。因此，本研究基于多重委托—代理关系框架和中央政府、地方政府、农村集体经济组织、承包经营户和经营户等相关利益主体对要素相对价格变化的反应及彼此间博弈机理，系统梳理中国农地产权制度的演进过程，强调市场机制在改善土地要素配置效率和提高农户福利水平方面的重要作用，从而为后文农地租赁契约形成机制及契约效果研究的理论建模和实证分析奠定基础。

8.1.2　农地租赁契约形成机制研究

在经济转型过程中，分析农地流转租金、流转规模和流转期限的形成机制是评价农地租赁市场有效性的关键，是理解农地租赁市场运行机理和实施乡村振兴战略的重要基础。因此，本研究探析农地确权颁证改革、第三方参与和农地交易双方互惠关系对农地流转租金、流转规模和流转期限的影响机制，并分析农地租赁契约形式和违约惩罚条款的作用。

（1）农地确权颁证、第三方参与显著提高农地流转租金，而农地交易双方互惠关系越密切越有助于显著降低农地流转租金。结果表明，从正式产权制度改革角度，与未确权户相比，确权户农地流转租金显著提高 102.38%；从非正式规则角度，与担保人未参与农地流转相比，担保人参与农地流转时农地流转租金提高 34.85%。然而，日常生活中交易双方彼此馈赠或帮工有助于农地流转租金显著降低 43.45%。还应指出的是，农地确权颁证强化农地交易双方彼此馈赠或帮工对农地流转租金的抑制作用。

（2）正式产权制度改革和非正式规则影响农地租赁契约形式的选择以及是否包含违约惩罚条款，更为重要的是农地租赁契约形式及农地租赁契约包含违约惩罚条款有助于降低农地产权风险，从而提高农地流转租金，减弱非正式规则对农地流转租金的影响。结果表明，担保人参与农地流转和日常生活中交易双方彼此馈赠或帮工有助于签订书面合同，而签订书面合同是第三方参与农地流转影响农地流转租金的中介变量。进一步地，签订书面合同显著减弱日常生活中交易双方彼此馈赠或帮工对农地流转租金的影响。类似地，担保人参与农地流转交易和日常生活中交易双方彼此馈赠或帮工有助于签订违约惩罚条款，而农地租赁契约包含违约惩罚条款是第三方参与农地流转交易影响农地流转租金的中介变量。农地租赁契约包含违约惩罚条款显著减弱日常生活中交易双方彼此馈赠或帮工对农地流转租金的影响。

（3）农地确权颁证和第三方参与农地流转促进农地流转规模。结果表明，农地确权颁证和第三方参与农地流转显著促进农地流转规模。然而，日常生活中交易双方彼此馈赠或帮工对流转规模的促进作用并不显著，这可能是因为日常生活中交易双方彼此馈赠或帮工不利于扩大农地流转范围，交易对象局限于亲朋好友内部，不利于扩大流转规模。进一步地，农地确权颁证显著降低第三方参与农地流转和日常生活中交易双方彼此馈赠或帮工对农地流转规模的促进作用。

（4）农地租赁契约形式及农地租赁契约包含违约惩罚条款有助于降低农地产权风险，从而扩大农地流转规模，减弱非正式规则对农地流转规模的影响。结果表明，农地租赁契约形式趋于规范化有助于显著促进农地流转规模，但第三方参与农地流转对流转规模的促进作用不再显著，表明契约形式是第三方参与农地流转对流转规模影响的中介变量。进一步地，签订书面合同显著降低第三方参与农地流转和日常生活中交易双方彼此馈赠或帮工对农地流转规模的正向影响。与此同时，违约惩罚条款有助于显著促进农地流转规模，但第三方参与农地流转对流转规模的促进作用不再显著，表明第三方参与实际发挥违约规制功能。违约惩罚条款显著降低第三方参与农地流转对农地流转规模的正向影响。

（5）农地确权颁证、第三方参与农地流转及农地交易双方互惠关系越密切越有助于延长农地流转期限。结果表明，从正式产权制度改革角度，与未确权户相比，确权户农地流转期限显著延长 23.12％；从非正式规则角度，与担保人未参与农地流转交易相比，担保人参与农地流转交易显著延长农地流转期限 149.18％，而日常生活中交易双方彼此馈赠或帮工显著延长农地流转期限 65.04％。还应指出的是，农地确权颁证显著降低日常生活中交易双方彼此馈赠或帮工对农地流转期限的促进作用。

（6）农地租赁契约形式及农地租赁契约包含违约惩罚条款有助于降低农地产权风险，从而延长农地流转期限，减弱非正式规则对农地流转期限的影响。结果表明，契约形式是农地确权颁证和日常生活中彼此馈赠或帮工影响流转期限的中介变量。进一步地，签订书面合同显著减弱担保人参与农地流转交易对农地流转期限的影响。类似地，农地租赁契约包含违约惩罚条款有助于显著延长农地流转期限。农地租赁契约包含违约惩罚条款显著减弱担保人参与农地流转交易和日常生活中农地交易双方彼此馈赠或帮工对农地流转期限的影响。

以上研究结论表明，在农地产权模糊的情境中，农地确权颁证改革和非正式规则显著影响农地流转租金、流转规模和流转期限，而农地租赁契约形式和农地租赁契约包含违约惩罚条款减弱非正式规则的作用。特别是本研究采用双重差分法分析农地产权制度改革与农地流转租金的关系，阐释了非正式规则对农地流转租金的影响，探析了农地产权制度改革、非正式规则与流转规模及流转期限的关系，并解释了农地租赁契约形式和违约惩罚条款的作用，从而提高研究结论精确度，拓展了相关研究的视角和结论。

8.1.3　农地租赁契约效果研究

在农地产权模糊的情境中，分析农地租赁契约对农地长期投资、农业生产效率和农户家庭收入的影响，是评价当前农地产权制度改革政策效果、提高农地租赁市场培育质量的关键举措，是实施乡村振兴战略、改善农户福利水平、促进农业可持续发展的重要基础。因此，本研究从产权界定和产权执行两个层面，利用 762 户农户层面和 1 163 个地块层面的微观调查数据，探析农地租赁契约对农地长期投资、农业生产效率和农户家庭收入的影响机制。

（1）农地租赁契约对苹果种植户农地长期投资产生显著影响：一是农户参与农地转入及农地流转规模越大越有助于摊薄农地长期投资的成本，提高农地长期投资收益，从而激励农地长期投资意愿，促进农家肥投资，最终改善土地质量；二是在农地租赁市场具有有效性的情境中，农地流转租金越高越有助于改善农户及时收回农地长期投资收益可得性预期，从而激励农家肥投资，改善土地质量；三是租赁地产权稳定性较弱，不利于农户及时收回农地长期投资收益，从而抑制租赁地农家肥投资，降低租赁地土地质量；四是农地租赁契约越稳定越有助于提高农户剩余索取权安全性，从而激励农地长期投资，改善土地质量。

（2）农地租赁契约对苹果种植户农业生产效率产生显著影响：一是农地市场化交易不仅有助于扩大土地经营规模，降低农业生产性投资成本，获得规模经济效应，而且有助于改善农地要素配置效率，最终提高农业生产效率；二是与自有地相比，租赁地产权稳定性较弱，抑制农业生产性投资，从而降低农业生产效率，且农业劳动力投入是租赁地对农业生产效率影响的中介变量；三是农地流转期限延长以及农地流转得到村集体经济组织批准或备案有助于稳定农地产权风险预期，激励农业生产性投资，从而提高农业生产效率，且农业劳动力投入是农地租赁契约稳定性对农业生产效率影响的中介变量。

（3）农地租赁契约对苹果种植户的农户家庭收入产生显著影响。具体来讲：一是参与农地租赁市场不仅有助于改善农地要素配置效率，还有助于扩大土地经营规模，从而增加农业经营收入，降低非农工资性收入；二是与自有地相比，租赁地产权稳定性较弱，抑制农业生产性投资，从而降低农业经营收入；三是农地流转期限延长，农地流转交易双方签订书面合同，以及农地租赁契约包含违约惩罚条款有助于激励农业生产性投资，从而提高农业经营收入。

以上研究结论表明，一方面，农地租赁市场参与及农地流转规模越大越有助于改善农地要素配置效率，摊薄农业生产性投资成本，获得农业规模经济效应，从而激励农业生产性投资，提高农业生产效率和农户家庭收入，这与冒佩华等（2015）、许庆等（2011）和 Wu et al.（2005）关于培育农地租赁市场改善农业生产经营绩效的研究结论一致；另一方面，农地产权模糊降低租赁地产权稳定性预期，抑制农业生产性投资，从而降低农业生产效率和农户家庭收入。而农地租赁契约越稳定越有助于改善产权稳定性预期，激励农业生产性投资，从而提高农业生产效率和农户家庭收入，这与仇焕广等（2017）、林文声等（2017）和 Feng（2008）关于农地产权越稳定越能促进生产性投资、提高农业生产效率和农户家庭收入的研究结论一致。值得注意的是，本研究从产权界定和产权执行两个层面，利用家庭固定效应模型及地块层面的微观调查数据，分析农地租赁契约对农地长期投资、农业生产效率和农户家庭收入的影响机理，从而保证研究结论的准确性。与此同时，本研究检验农地流转租金对农地长期投资的促进作用，验证农业生产性投资是农地租赁契约对农业生产效率影响的中介变量，从而拓展与农地产权稳定性对经济及生态影响相关的研究结论。

8.2　政策建议

上述研究结论表明，农地确权颁证和非正式规则对农地流转租金、流转规模和流转期限的影响较为显著，且农地流转交易双方签订书面合同和农地租赁契约包含违约惩罚条款有助于减弱非正式规则的影响。进一步地，农地租赁市场越有效越有助于改善农地要素可得性，降低农业生产性投资成本，获得农业规模经济效应，从而促进农地长期投资，提高农业生产效率和农户家庭收入。与此同时，农地产权越稳定有助于农户及时收回农业生产性投资收益，改善生产性投资剩余索取权安全性预期，激励农地长期投资，从而提高农业生产效率和农户家庭收入。基于此，本研究针对管控农地产权风险、培育农地租赁市场、提高农户福利水平和促进农业可持续发展提出如下建议与对策。

8.2.1　深化以市场化为导向的农地产权制度改革

前文分析表明，农地确权颁证有助于提高农地流转租金，扩大农地流转规模，延长流转期限，从而促进农地长期投资。但与自有地相比，租赁地产权风险较高，抑制农业生产性投资，从而降低农业生产效率和农户家庭收入。因此，有必要继续深化以市场化为导向、以明晰农地权属关系结构为目标的农地产权制度改革。

第一，积极推进农地确权颁证后续工作，系统完善相关配套制度改革。以建立明晰农地权属关系结构为主要目标的农地确权改革有助于改善农地产权风险预期，但农地确权改革政策效果依赖于有效的政策执行和完善的配套改革措施。农地产权制度与其他政策的关联性要求系统全面推进相关制度改革，建立健全农村社会保障体系和医疗保险体系。

第二，在农地产权制度改革过程中，应允许并鼓励部分地区先行先试，农地产权制度改革的方向、先进经验及做法以多种方式在全国形成共识。中国农地产权制度改革的经验表明，基层自发实践和政府主动认可是中国农地产权制度演进效率不断改善的基础和保障，而政府是否主动认可依赖于农地产权制度改革的方向、先进经验及做法是否在中央政府及全国达成共识。

第三，完善对地方政府和村集体经济组织的激励约束机制，保持中央政府、地方政府和村集体经济组织的目标一致性。中央政府既要放权让利，激发地方政府和村集体经济组织的主观能动性；又要加强监管，减少地方政府和村集体经济组织寻租等机会主义行为，提高农地产权制度改革有效性。

8.2.2　注重引导非正式规则的公平性和合理性

前文分析表明，第三方参与农地流转和农地交易双方互惠关系显著影响农地流转租金、流转规模和流转期限，决定农业租佃条件，而农地流转得到村集体经济组织批准或备案有助于激励农地长期投资，提高农业生产效率。但问题在于非正式规则难以有效防范机会主义行为倾向及其风险，并非所有参与人能平等地利用非正式规则，由此产生收入分配不公平和福利损失问题。因此，有必要建立健全农地流转市场机制，引导熟人社会内部非正式规则的公平性和合理性。

第一，村集体经济组织既是本村村民的代理人，具有私人权威性，又是基层政府的代理人，具有公共权威性。这有助于村集体经济组织领导者利用自身身份的优势和特点，维持乡村内部交易秩序、生活秩序和生产秩序。特别是在农地流转中介服务组织数量不足、服务功能弱化的背景下，村集体经济组织作为农地流转协调人而发挥作用，既重要又必要。

第二，重视培育农村产权中介服务组织，以中国农地制度、农地产权制度、相关法律知识培训与宣传为重点，提升中介机构从业人员的综合素质，改善中介服务质量，规范和完善农地流转秩序。

8.2.3　重视产权制度改革和非正式规则的兼容性

前文分析表明，农地确权颁证改革显著影响非正式规则对农地流转租金、流转规模和流转期限的作用。因此，应注重以培育农地租赁市场为主要目标的农地产权制度改革和熟人社会内部非正式规则的兼容性，降低农地产权制度改革执行成本，从而提高农地产权制度改革有效性。

第一，在农地产权制度改革的政策设计及实施过程中，应充分考虑并重视利用熟人社会共同体内部第三方担保人或第三方惩罚机制的作用，从而降低农地产权制度改革的执行成本。统计结果显示，村干部和村中有威望的人是当前农村社会主要的担保人类型。因此，农地产权制度改革的政策设计和实施应充分利用熟人社会共同体内部普遍存在的担保人或第三方惩罚机制优势，以弥补法庭执行机制等其他正式机制成本高昂的缺陷。

第二，在农地产权制度改革政策设计和实施过程中，应充分考虑并重视利用农地租赁市场典型的"人情化"特征，对不同类型的农地流转设计差异化的政策措施，从而维持不同类型农地流转市场的交易秩序，降低农地产权制度改革的实施成本。

8.2.4 依法规范农地租赁契约

前文分析表明，农地租赁契约形式趋于规范化和农地租赁契约包含违约惩罚条款有助于减弱非正式规则对农地流转租金、流转规模和流转期限的影响，而签订书面合同和延长农地流转期限有助于促进农业生产性投资，从而提高农业生产效率和农户家庭收入。因此，应严格依照《农村土地承包经营权流转管理办法》、《农村土地承包法》及《中共中央关于全面深化改革若干重大问题的决定》等相关法律法规，规范农地租赁契约，提高违背农地租赁契约的成本，降低农地产权风险预期。

第一，依法合理设计农地租赁契约，配套完善相关法律法规。完美的农地租赁契约在事前详细规定农地交易双方各自的权利、责任和义务，有助于减少农地交易当事人事后的机会主义行为，从而降低农地产权风险预期。实践中，在非农就业失业风险难以预期或农业经营收益提高等情境中，转出方有意愿提前收回土地，而在农业经营失败或农产品价格大幅下降等情境中，转入方有可能提前归还土地，从而增加农地产权风险预期，不利于稳定农地流转市场交易秩序。在相关法律制度失灵时，农地流转交易受害方通常难以获得符合效率标准的违约赔偿金，最终抑制农地租赁市场培育。在市场化导向的农地产权制度改革过程中，农地租赁契约越规范越有助于减弱农地交易当事人违背农地租赁契约的激励，从而稳定农地产权风险预期。还应指出的是，规范化农地租赁契约的有效性依赖于相关法律法规的有效性，这是因为完善的法律法规有效提高违背农地租赁契约的惩罚成本，改善规范化农地租赁契约有效性，从而降低农地产权风险。

第二，加快构建和完善社会信用体系，严厉惩罚违背契约精神的机会主义行为。我国农地租赁市场上的产权交易以关系经济为基础，有助于降低农地租赁市场交易成本，但随着农地租赁市场的交易范围和规模不断扩大，以关系经济为特点的农地产权交易纠纷增加，农地产权市场效率下降。因此，构建和完善全社会信用体系，有助于提高违约惩罚成本，改善农地产权市场运行环境。

8.2.5　构建价格机制在资源配置过程中的基础性地位

前文分析表明，在农地租赁市场具有有效性的情境中，农地流转租金越高越有助于改善农户及时收回农地长期投资收益可得性的预期，从而激励农地长期投资。因此，应建立健全农地要素市场化配置的体制机制，构建价格机制在资源配置过程中的基础性地位。

第一，建立和完善农地产权市场交易中心或产权交易平台，为农地流转市场价格的合理形成奠定制度基础和保障。实践中，农地租赁市场交易当事人在农地产权市场交易中心或平台完成登记备案，并在产权交易中心或平台进行竞价，保证农地流转价格形成机制的科学性和合理性。

第二，各级政府应严格按照市场在资源配置过程中发挥基础性作用的总体要求，减少对农地要素市场化配置不必要的行政干预，合理设计补贴政策，完善基础设施建设等相关配套措施，为农地流转价格合理形成提供保障。

8.3　研究不足和展望

本研究利用相关计量经济学模型及 762 户农户层面、1 163 个地块层面的微观调查数据，实证检验农地租赁契约形成机制，以及农地租赁契约对农地长期投资、农业生产效率和农户家庭收入的影响机制，但仍可能存在如下问题。①本研究以苹果产区挂果户为研究对象，并未关注苹果产区未挂果户的农地市场交易行为及效果，而两类农户农地市场交易行为及效果可能存在差异。②地块层面或农户层面的某些因素可能导致农户投资在不同地块间存在较强依赖性或关联性，从而导致估计偏误。尽管本研究利用家庭固定效应模型控制了农户家庭层面无法观测因素的影响，并通过加入地块特征变量尽可能控制了地块层面因素的影响，但始终无法控制地块层面无法观测因素的影响。因此，控制地块层面无法观测因素的影响是未来研究中需要进一步克服的问题。

包宗顺，伊藤顺一，倪镜，2015. 土地股份合作社能否降低农地流转交易成本？：来自江苏 300 个村的样本调查 [J]. 中国农村观察 (1)：59 - 70.

曹瓅，罗剑朝，2015. 农户对农地经营权抵押贷款响应及其影响因素：基于零膨胀负二项模型的微观实证分析 [J]. 中国农村经济 (12)：31 - 48.

陈书静，2008. 诺斯经济哲学思想研究：基于历史唯物主义制度演化理论的视界 [M]. 上海：上海人民出版社.

陈奕山，钟甫宁，纪月清，2017. 为什么土地流转中存在零租金？：人情租视角的实证分析 [J]. 中国农村观察 (4)：43 - 56.

程令国，张晔，刘志彪，2016. 农地确权促进了中国农村土地的流转吗？[J]. 管理世界 (1)：88 - 98.

杜润生，2008. 杜润生改革论集 [M]. 北京：中国发展出版社.

丰雷，蒋妍，叶剑平，2013. 诱致性制度变迁还是强制性制度变迁：中国农村土地调整的制度演进及地区差异研究 [J]. 经济研究 (6)：4 - 18.

丰雷，任芷仪，张清勇，2019a. 家庭联产承包责任制改革：诱致性变迁还是强制性变迁 [J]. 农业经济问题 (1)：32 - 45.

丰雷，郑文博，张明辉，2019b. 中国农地制度变迁 70 年：中央—地方—个体的互动与共演 [J]. 管理世界 (9)：30 - 48.

郜亮亮，黄季焜，Rozelle Scott，等，2011. 中国农地流转市场的发展及其对农户投资的影响 [J]. 经济学（季刊），10 (4)：1499 - 1514.

郜亮亮，黄季焜，2011. 不同类型流转农地与农户投资的关系分析 [J]. 中国农村经济 (4)：9 - 17.

郜亮亮，冀县卿，黄季焜，2013. 中国农户农地使用权预期对农地长期投资的影响分析 [J]. 中国农村经济 (11)：24 - 33.

郭忠兴，罗志文，2012. 农地产权演进：完整化、完全化与个人化 [J]. 中国人口·资源与环境 (10)：123 - 130.

韩菡，钟甫宁，2011. 劳动力流出后"剩余土地"流向对于当地农民收入分配的影响

[J]. 中国农村经济（4）：18 - 25.

韩家彬，刘淑云，2019. 土地确权对农村劳动力转移就业的影响研究：来自 CHARLS 的证据 [J]. 人口与经济（5）：41 - 52.

何一鸣，2019. 权利管制、租金耗散与农业绩效：人民公社的经验分析及对未来变革的启示 [J]. 农业技术经济（2）：10 - 22.

洪名勇，龚丽娟，洪霓，2016. 农地流转农户契约选择及机制的实证研究：来自贵州省三个县的经验证据 [J]. 中国土地科学，30（3）：12 - 19.

洪名勇，2012. 中国农地产权制度变迁：一个马克思的分析模型 [J]. 经济学家（7）：71 - 77.

洪银兴，王荣，2019. 农地"三权分置"背景下的土地流转研究 [J]. 管理世界（10）：113 - 119.

侯建昀，霍学喜，2016. 信贷可得性、融资规模与农户农地流转：以专业化生产农户为例 [J]. 中国农村观察（6）：29 - 39.

侯建昀，刘军弟，霍学喜，2016. 专业化农户农地流转及其福利效应：基于 1079 个苹果种植户的实证分析 [J]. 农业技术经济（3）：45 - 55.

胡新艳，杨晓莹，罗锦涛，2016. 确权与农地流转：理论与研究启示 [J]. 财贸研究，27（2）：67 - 74.

胡新艳，王梦婷，洪炜杰，2019. 地权安全性的三个维度及其对农地流转的影响 [J]. 农业技术经济（11）：4 - 17.

黄季焜，冀县卿，2012. 农地使用权确权与农户对农地的长期投资 [J]. 管理世界（9）：76 - 81.

黄少安，2018. 改革开放 40 年中国农村发展战略的阶段性演变及其理论总结 [J]. 经济研究（12）：4 - 19.

黄少安，2019. 中国改革开放以来主要的经济理论创新 [J]. 学术月刊（3）：39 - 47.

黄少卿，2012. 经济转轨中的合同执行 [M]. 上海：上海远东出版社.

黄忠怀，邱佳敏，2016. 政府干预土地集中流转：条件、策略与风险 [J]. 中国农村观察（3）：34 - 44.

黄祖辉，王朋，2008. 农村土地流转：现状、问题及对策：兼论土地流转对现代农业发展的影响 [J]. 浙江大学学报（人文社会科学版）（2）：38 - 47.

纪月清，顾天竹，陈奕山，等，2017. 从地块层面看农业规模经营：基于流转租金与地块规模关系的讨论 [J]. 管理世界（7）：65 - 73.

冀县卿，钱忠好，2019. 中国农地产权制度改革 40 年：变迁分析及其启示 [J]. 农业技术经济（1）：17-24.

贾蕊，陆迁，2018. 土地流转促进黄土高原区农户水土保持措施的实施吗?：基于集体行
　动中介作用与政府补贴调节效应的分析［J］. 中国农村经济（6）：38-54.

江激宇，张士云，李博伟，2018. 社会资本、流转契约与土地长期投资［J］. 中国人
　口·资源与环境（3）：67-75.

江淑斌，苏群，2013. 农地流转"租金分层"现象及其根源［J］. 农业经济问题（4）：
　42-48.

蒋士成，费方域，2008. 从事前效率问题到事后效率问题：不完全合同理论的几类经典
　模型比较［J］. 经济研究（8）：145-156.

金书秦，沈贵银，魏珣，等，2013. 论农业面源污染的产生和应对［J］. 农业经济问题
　（11）：97-102.

金松青，Deininger K，2004. 中国农村土地租赁市场的发展及其在土地使用公平性和效
　率性上的含义［J］. 经济学（季刊）（3）：1003-1028.

科斯，哈特，斯蒂格利茨，等，1999. 契约经济学［M］. 李凤圣，等，译. 北京：经济
　科学出版社.

孔祥智，刘同山，郑力文，2013. 土地流转中村委会的角色及其成因探析：基于鲁冀皖
　三省15村庄的土地流转案例［J］. 东岳论丛（5）：103-108.

孔祥智，张琛，张晓榕，2018. 要素禀赋变化与农业资本有机构成提高：对1978年以来
　中国农业发展路径的解释［J］. 管理世界（10）：147-160.

匡远配，陆钰凤，2018. 我国农地流转"内卷化"陷阱及其出路［J］. 农业经济问题
　（9）：33-43.

匡远配，周丽，2018. 农地流转与农村减贫：基于湖南省贫困地区的检验［J］. 农业技
　术经济（7）：64-70.

李功奎，钟甫宁，2006. 农地细碎化、劳动力利用与农民收入：基于江苏省经济欠发达
　地区的实证研究［J］. 中国农村经济（4）：42-48.

李谷成，冯中朝，范丽霞，2009. 小农真的更加具有效率吗?：来自湖北省的经验证据
　［J］. 经济学（季刊），9（1）：95-124.

李怀，高磊，2011. 产权制度"效率生命周期"假说［J］. 经济学家（2）：26-33.

李嘉图，1962. 政治经济学及赋税原理［M］. 郭大力，王亚南，译. 北京：商务印
　书馆.

李宁，陈利根，刘芳铭，2016. 农地产权变迁呈现出结构细分特征的原因分析［J］. 中
　国人口·资源与环境（6）：52-61.

李首涵，何秀荣，杨树果，2015. 中国粮食生产比较收益低吗？［J］. 中国农村经济
（5）：36 - 44.

李太平，聂文静，李庆，2015. 基于农产品价格变动的土地流转双方收入分配研究［J］.
中国人口·资源与环境（8）：26 - 33.

李星光，霍学喜，刘军弟，等，2019. 苹果产区农地流转和契约稳定性对土地质量改善
行为的影响［J］. 农业工程学报，35（15）：275 - 283.

李星光，刘军弟，霍学喜，2016. 关系网络能促进土地流转吗?：以 1050 户苹果种植户
为例［J］. 中国土地科学（12）：45 - 53.

李星光，刘军弟，霍学喜，2018. 农地流转中的正式、非正式契约选择：基于苹果种植
户的实证分析［J］. 干旱区资源与环境，32（1）：8 - 13.

李星光，刘军弟，霍学喜，2019. 新一轮农地确权对农户生计策略选择的影响：以苹果
种植户为例［J］. 资源科学，41（10）：1923 - 1934.

李照全，2008. 农田管理措施对红壤稻田土壤养分及杂草种群的影响［D］. 长沙：湖南
农业大学.

林文声，秦明，王志刚，2017. 农地确权颁证与农户农业投资行为［J］. 农业技术经济
（12）：4 - 14.

林文声，王志刚，王美阳，2018. 农地确权、要素配置与农业生产效率：基于中国劳动
力动态调查的实证分析［J］. 中国农村经济（8）：64 - 82.

林文声，王志刚，2018. 中国农地确权何以提高农户生产投资？［J］. 中国软科学（5）：
91 - 100.

林毅夫，蔡昉，李周，1994. 中国的奇迹：发展战略与经济改革［M］. 上海：上海人民
出版社.

林毅夫，2012. 解读中国经济［M］. 北京：北京大学出版社.

刘佳，吴建南，马亮，2012. 地方政府官员晋升与土地财政：基于中国地级市面板数据
的实证分析［J］. 公共管理学报（9）：11 - 23.

刘敏，2015. 马克思土地产权理论与我国农地制度改革研究［D］. 武汉：华中师范大学.

刘瑞峰，梁飞，王文超，等，2018. 农村土地流转差序格局形成及政策调整方向：基于
合约特征和属性的联合考察［J］. 农业技术经济（4）：27 - 43.

刘文勇，孟庆国，张悦，2013. 农地流转租约形式影响因素的实证研究［J］. 农业经济
问题（8）：43 - 48.

龙云，任力，2017. 农地流转制度对农户耕地质量保护行为的影响：基于湖南省田野调
查的实证研究［J］. 资源科学，39（11）：2094 - 2103.

卢现祥，2011. 新制度经济学［M］. 武汉：武汉大学出版社.

陆文聪，朱志良，2007. 农地流转供求关系实证分析：以上海为例［J］. 中国农村经济
　　（1）：45-51.

罗必良，2011. 农地产权模糊化：一个概念性框架及其解释［J］. 学术研究（12）：
　　48-56.

罗必良，2014. 农地流转的市场逻辑"产权强度—禀赋效应—交易装置"的分析线索及
　　案例研究［J］. 南方经济（5）：1-24.

罗必良，2016. 农地确权、交易含义与农业经营方式转型：科斯定理拓展与案例研究
　　［J］. 中国农村经济（11）：2-16.

罗必良，2019. 从产权界定到产权实施：中国农地经营制度变革的过去与未来［J］. 农
　　业经济问题（1）：17-31.

罗必良，何一鸣，2015. 博弈均衡、要素品质与契约选择：关于佃农理论的进一步思考
　　［J］. 经济研究（8）：162-174.

罗必良，邹宝玲，何一鸣，2017. 农地租约期限的"逆向选择"：基于9省份农户问卷的
　　实证分析［J］. 农业技术经济（1）：4-17.

罗必良，何应龙，汪沙，等，2012. 土地承包经营权：农户退出意愿及其影响因素分析：
　　基于广东省的农户问卷［J］. 中国农村经济（6）：4-19.

马克思，2004. 资本论［M］. 北京：商务印书馆.

马贤磊，仇童伟，钱忠好，2015. 农地产权安全性与农地流转市场的农户参与：基于江
　　苏、湖北、广西、黑龙江四省（区）调查数据的实证分析［J］. 中国农村经济（2）：
　　22-37.

马贤磊，仇童伟，钱忠好，2016. 农地流转中的政府作用：裁判员抑或运动员：基于苏、
　　鄂、桂、黑四省（区）农户农地流转满意度的实证分析［J］. 经济学家（11）：
　　83-89.

马歇尔，2011. 经济学原理（下）［M］. 陈良璧，译. 北京：商务印书馆.

冒佩华，徐骥，2015. 农地制度、土地经营权流转与农民收入增长［J］. 管理世界（5）：
　　63-74.

冒佩华，徐骥，贺小丹，等，2015. 农地经营权流转与农民劳动生产效率提高：理论与
　　实证［J］. 经济研究（11）：161-174.

倪娟，2016. 奥利弗·哈特对不完全契约理论的贡献：2016年度诺贝尔经济学奖得主学
　　术贡献评介［J］. 经济学动态（10）：98-107.

聂辉华，杨其静，2007. 产权理论遭遇的挑战及其演变：基于2000年以来的最新文献

[J]. 南开经济研究（4）：3-13.

聂辉华，2017. 契约理论的起源、发展和分歧［J］. 经济社会体制比较（1）：1-13.

宁静，殷浩栋，汪三贵，2018. 土地确权是否具有益贫性？：基于贫困地区调查数据的实证分析［J］. 农业经济问题（9）：118-127.

诺思，1994. 经济史中的结构与变迁［M］. 陈郁，罗华平，等，译. 上海：上海三联书店.

诺思，2008. 理解经济变迁过程. 钟正生，邢华，高东明，等，译. 北京：中国人民大学出版社.

配第，2011. 配第经济著作选集［M］. 陈冬野，马清槐，周景如，译. 北京：商务印书馆.

钱龙，洪名勇，龚丽娟，等，2015. 差序格局、利益取向与农户土地流转契约选择［J］. 中国人口·资源与环境，25（12）：95-104.

钱忠好，冀县卿，2016. 中国农村土地流转现状及其政策改进：基于江苏、广西、湖北、黑龙江四省（区）调查数据的分析［J］. 管理世界（2）：71-81.

仇焕广，刘乐，李登旺，等，2017. 经营规模、地权稳定性与土地生产率：基于全国4省地块层面调查数据的实证分析［J］. 中国农村经济（7）：30-43.

仇童伟，罗必良，2017. 农地调整会抑制农村劳动力非农转移吗？［J］. 中国农村观察（4）：57-71.

仇童伟，罗必良，2019. "好"的代理人抑或"坏"的合谋者：宗族如何影响农地调整？［J］. 管理世界（8）：97-109.

仇童伟，罗必良，何勤英，2019. 农地流转市场转型：理论与证据：基于对农地流转对象与农地租金关系的分析［J］. 中国农村观察（4）：128-144.

阮小莉，彭娥燕，2014. 农地流转与农村土地银行互动持续发展模式探析［J］. 农业经济问题（月刊）（6）：54-59.

邵传林，霍丽，2009. 农村土地银行的运作机理与政策测度［J］. 改革（7）：83-88.

申始占，2018. 农地三权"分置"的困境辨析与理论建构［J］. 农业经济问题（7）：46-57.

申云，朱述斌，邓莹，等，2012. 农地使用权流转价格的影响因素分析：来自于农户和区域水平的经验［J］. 中国农村观察（3）：2-17.

孙圣民，陈强，2017. 家庭联产承包责任制与中国农业增长的再考察：来自面板工具变量的证据［J］. 经济学（季刊），16（2）：815-832.

田传浩，方丽，2013. 土地调整与农地租赁市场：基于数量和质量的双重视角［J］. 经济研究（2）：110 - 121.

田传浩，贾生华，2003. 农地市场对土地使用权配置影响的实证研究：基于苏、浙、鲁 1083 个农户的调查 [J]. 中国农村经济（10）：24 - 30.

田先红，陈玲，2013. 地租怎样确定？：土地流转价格形成机制的社会学分析 [J]. 中国农村观察（6）：2 - 12.

汪险生，郭忠兴，2017. 虚置还是稳固：农村土地集体所有制的嬗变：基于权利分置的视角 [J]. 经济学家（5）：58 - 67.

王倩，任倩，余劲，2018. 粮食主产区农地流转农户议价能力实证分析 [J]. 中国农村观察（2）：47 - 59.

王珣，2007. 中国南北方汉族集聚区宗族集聚差异的原因 [J]. 财经问题研究（11）：20 - 30.

王亚楠，纪月清，徐志刚，等，2015. 有偿 vs 无偿：产权风险下农地附加价值与农户转包方式选择 [J]. 管理世界（11）：87 - 95.

吴一恒，徐砾，马贤磊，2018. 农地"三权分置"制度实施潜在风险与完善措施：基于产权配置与产权公共域视角 [J]. 中国农村经济（8）：46 - 63.

夏玉莲，匡远配，2017. 农地流转的多维减贫效应分析：基于 5 省 1218 户农户的调查数据 [J]. 中国农村经济（9）：44 - 61.

徐珍源，孔祥智，2010. 转出土地流转期限影响因素实证分析：基于转出户收益与风险视角 [J]. 农业技术经济（7）：30 - 40.

许庆，杨青，钱有飞，2019. 合久必分，分久必合：新中国农地制度的一个分析框架 [J]. 农业经济问题（1）：46 - 60.

许庆，尹荣梁，章辉，2011. 规模经济、规模报酬与农业适度规模经营：基于我国粮食生产的实证研究 [J]. 经济研究（3）：59 - 71.

许庆，章元，2005. 土地调整、地权稳定性与农民长期投资激励 [J]. 经济研究（10）：59 - 69.

亚当·斯密，1972. 国民财富的性质和原因的研究（上卷）[M]. 郭大力，王亚南，译. 北京：商务印书馆.

闫小欢，霍学喜，2013. 农民就业、农村社会保障和土地流转：基于河南省 479 个农户调查的分析 [J]. 农业技术经济（7）：34 - 44.

杨富堂，2013. 基于制度利润视角的农地产权制度演进研究 [J]. 农业经济问题（8）：37 - 42.

杨瑞龙，聂辉华，2006. 不完全契约理论：一个综述 [J]. 经济研究（2）：104 - 115.

杨瑞龙，1998. 我国制度变迁方式转换的三阶段论：兼论地方政府的制度创新行为 [J].
　　经济研究（1）：3 - 10.

姚洋，2000. 中国农地制度：一个分析框架 [J]. 中国社会科学（3）：54 - 65.

叶剑平，丰雷，蒋妍，等，2018. 2016 年中国农村土地使用权调查研究：17 省份调查结
　　果及政策建议 [J]. 管理世界（3）：98 - 108.

叶敬忠，吴存玉，2019. 马克思主义视角的农政问题与农政变迁 [J]. 社会学研究（2）：
　　1 - 24.

应瑞瑶，何在中，周南，等，2018. 农地确权、产权状态与农业长期投资：基于新一轮
　　确权改革的再检验 [J]. 中国农村观察（3）：110 - 127.

游和远，吴次芳，鲍海君，2013. 农地流转、非农就业与农地转出户福利：来自黔浙鲁
　　农户的证据 [J]. 农业经济问题（3）：16 - 25.

俞海，黄季焜，Rozelle S，等，2003. 地权稳定性、土地流转与农地资源持续利用 [J].
　　经济研究（9）：82 - 95.

翟研宁，2013. 农村土地承包经营权流转价格问题研究 [J]. 农业经济问题（11）：
　　82 - 86.

张露，罗必良，2020. 农业减量化：农户经营的规模逻辑及其证据 [J]. 中国农村经济
　　（2）：1 - 19.

张雪靓，孔祥斌，王洪雨，等，2013. 耕地区域社会保障功能替代程度及其差异研究：基
　　于北京市海淀区、大兴区 24 村 214 户农户问卷的实证 [J]. 资源科学，35（8）：1555 -
　　1566.

赵其卓，唐忠，2008. 农用土地流转现状与农户土地流转合约选择的实证研究：以四川
　　省绵竹市为例 [J]. 中国农村观察（3）：13 - 28.

甄江，黄季焜，2018. 乡镇农地经营权流转平台发展趋势及其驱动力研究 [J]. 农业技
　　术经济（7）：33 - 40.

钟甫宁，纪月清，2009. 土地产权、非农就业机会与农户农业生产投资 [J]. 经济研究
　　（12）：43 - 51.

钟甫宁，王兴稳，2010. 现阶段农地流转市场能减轻土地细碎化程度吗？：来自江苏兴化
　　和黑龙江宾县的初步证据 [J]. 农业经济问题（1）：23 - 32.

钟文晶，罗必良，2014. 契约期限是怎么确定的？：基于资产专用性维度的实证分析
　　[J]. 中国农村观察（4）：42 - 51.

周海文，周海川，2019. 农户社会信任对土地流转租金的影响：基于 CHIP 数据的实证
　　分析 [J]. 公共管理学报（3）：118 - 130.

周立群，张红星，2010. 从农地到市地：地租性质、来源及演变：城市地租的性质与定价的政治经济学思考 [J]. 经济学家（12）：79 - 87.

周其仁，1995. 中国农村改革：国家和所有权关系的变化（上）：一个经济制度变迁史的回顾 [J]. 管理世界（3）：178 - 189.

周其仁，2013. 城乡中国（上）[M]. 北京：中信出版社.

朱琪，王柳青，王满四，2018. 不完全契约理论的行为逻辑和动态阐释 [J]. 经济学动态（1）：135 - 145.

朱喜，史清华，盖庆恩，2011. 要素配置扭曲与农业全要素生产率 [J]. 经济研究（5）：86 - 98.

诸培新，苏敏，颜杰，2017. 转入农地经营规模及稳定性对农户化肥投入的影响：以江苏四县（市）水稻生产为例 [J]. 南京农业大学学报（社会科学版）（4）：85 - 94.

邹宝玲，罗必良，钟文晶，2016b. 农地流转的契约期限选择：威廉姆森分析范式及其实证 [J]. 农业经济问题（2）：25 - 32.

邹宝玲，钟文晶，张沁岚，2016a. 风险规避与农地租赁契约期限选择：基于广东省农户问卷的实证分析 [J]. 南方经济（10）：12 - 22.

Carter M，姚洋，2004. 工业化、土地市场和农业投资 [J]. 经济学（季刊），3（4）：983 - 1002.

Peter H，2014. 谁是中国土地的拥有者？：制度变迁、产权和社会冲突 [M]. 2 版. 林韵然，译. 北京：社会科学文献出版社.

Abdulai A，Owusu V，Goetz R，2011. Land tenure differences and investment in land improvement measures：Theoretical and empirical analyses [J]. Journal of Development Economics，96：66 - 78.

Ackerberg A，2000. The choice of agrarian contracts in early renaissance Tuscany：risk sharing，moral hazard，or capital market imperfections [J]. Explorations in Economic History，37：241 - 257.

Alchain A A，Woodward S，1987. Reflections on the theory of the firm [J]. Journal of Institutional and Theoretical Economics，143（1）：110 - 136.

Bandiera O，2000. On the structure of tenancy contracts：theory and evidence from 19th Century Rural Sicily [N]. International Studies Papers.

Baron R M，Kenny D A，1986. The moderator - mediator variable distinction in social psychological research：Conceptual，strategic and statistical considerations [J]. Journal of personality and social psychology，51（6）：1173 - 1182.

Bellemare M F, 2012. Insecure land rights and share tenancy: Evidence from Madagascar [J]. Land Economics, 88 (1): 155 – 180.

Benjamin D, 1995. Can unobserved land quality explain the inverse productivity relationship? [J]. Journal of Development Economics, 46: 51 – 84.

Bernheim D, Whinston M, 1986. Common agency [J]. Econometrica, 54 (4): 923 – 942.

Besley T. 1995. Property rights and investment incentives: Theory and evidence from Ghana [J]. Journal of Political Economy, 103: 903 – 937.

Brandt L, Rozelle S D, Turner M A, 2004. Local government behavior and property rights formation in rural China [J]. Journal of Institutional and Theoretical Economics, 160 (4): 627 – 662.

Bryan J, Deaton B J, Weersink A, 2015. Do landlord – tenant relationships influence rental contracts for farmland or the cash rental rate? [J]. Land Economics, 91 (4): 650 – 663.

Burke W J, Frossard E, Kabwe S, et al., 2019. Understanding fertilizer adoption and effectiveness on maize in Zambia [J]. Food Policy.

Chang H, Lin T, 2015. Does the minimum lot size program affect farmland value? Empirical evidence using administrative data and regression discontinuity design in Taiwan [J]. American Journal of Agricultural Economics, 98 (3): 785 – 801.

Chari A V, Liu E M, Wang S Y, et al., 2017. Property rights, land misallocation and agricultural efficiency in China [N]. NBER working paper.

Chaudhuri A, Maitra P, 2002. On the choice of tenancy contracts in rural India [J]. Economica, 69: 445 – 459.

Cheng W L, Xu Y Y, Zhou N, et al., 2019. How did land titling affect China's rural land rental market? Size, composition and efficiency [J]. Land Use Policy, 82: 609 – 619.

Cheng Y, Chung K, 2017. Designing property rights over land in rural China [J]. The Economic Journal.

Cheung S, 1968. Private property rights and sharecropping [J]. Journal of Political Economy, 76 (6): 1107 – 1122.

Coase R H, 1960. The problem of social cost [J]. Journal of Law and Economics, 3 (1): 1 – 44.

De Janvry A, Emerick K, Gonzalez - Navarro M, et al. , 2015. Delinking land rights from land use: Certification and migration in Mexico [J]. American Economic Review, 105 (10): 3125 - 3149.

De Koeijer T J, Wossink G A A, Van Ittersum M K, et al. , 1999. A conceptual model for analyzing input - output coefficients in arable farming systems: From diagnosis towards design [J]. Agricultural System, 61: 33 - 44.

Deininger K, Ayalew Ali D, Alemu T, 2011. Impact of land certification on tenure security, investment, and land market participation: Evidence from Ethiopia [J]. Land Economics, 87 (2): 312 - 334.

Deininger K, Ayalew Ali D, 2007. Do overlapping land rights reduce agricultural investment? Evidence from Uganda [R]. World Bank Policy Research Working Paper. No. 4310.

Deininger K, Jin S, Adenew B, et al. , 2003. Market and non - market transfers of land in Ethiopia: Implications for efficiency, equity and non - farm development [R]. World Bank Policy Research Working Paper. No. 2992.

Deininger K, Jin S, Nagaaajan H K, 2009. Determinants and consequences of land sales market participation: Panel evidence from India [J]. World Development, 37 (2): 410 - 421.

Deininger K, Jin S, Nagarajan H K, 2008. Efficiency and equity impacts of rural land rental restrictions: Evidence from India [J]. European Economic Review, 52: 892 - 918.

Deininger K, Jin S, 2006. Tenure security and land - related investment: Evidence from Ethiopia [J]. European Economic Review, 50 (5): 1245 - 1277.

Deininger K, Zegarra E, Lavadenz I, 2003. Determinants and impacts of rural land market activity: Evidence from Nicaragua [J]. World Development, 31 (3): 1385 - 1404.

Dubois P, 2002. Moral hazard, land fertility and sharecropping in a rural area of the Philippines [J]. Journal of Development Economics, 68: 35 - 64.

Fama E, 1980. Agency problems and the theory of the firm [J]. Journal of Political Economy, 88 (2): 288 - 307.

Farrell M, 1957. The measurement of productive efficiency [J]. Journal of the Royal Statistical Society, 120 (3): 253 - 281.

Feng S, 2008. Land rental, off - farm employment and technical efficiency of farm households in Jiangxi Province, China [J]. NJAS – Wageningen Journal of Life Sciences, 55 (4): 363 – 378.

Foster A D, Rosenzweig M R, 2021. Are these too many farms in the world? Labor – market transaction costs, machine capacities and optimal farm size [R]. NBER Working Paper, No. 23909.

Galiani S, Schargarodsky E, 2010. Property rights for the poor: Effects of land titling [J]. Journal of Public Economics, 94: 700 – 729.

Gao L L, Huang J K, S Rozelle, 2012. Rental markets for cultivated land and agricultural investments in China [J]. Agricultural Economics, 43 (4): 391 – 403.

Greene W H, 2008. The econometric approach to efficiency analysis [J]. The Measurement of Productive Efficiency and Productivity Growth, 92 – 250.

Greene W H, 2018. Econometric analysis [M]. London: Pearson.

Grossman R, Hart O, 1986. The costs and benefits of ownership: A theory of vertical and lateral integration [J]. Journal of Political Economy, 94: 691 – 719.

Hart O, Moore J, 2008. Contracts as reference points [J]. Quarterly Journal of Economics, 123 (1): 1 – 48.

Hart O, 1995. Firms, contracts and financial structure [M]. New York: Oxford University Press.

Hart O, 2009. Hold – up, asset ownership, and reference points [J]. The Quarterly Journal of Economics, 124 (1): 267 – 300.

Heide J B, 1994. Inter – organizational governance in marketing channels [J]. Journal of Marketing, 58 (1): 71 – 85.

Holden S T, 2007. Growing importance of land tenancy and its implications for efficiency and equity in Africa, incentives for growth [J]. Food Security and Sustainable Use of the Environment, 4: 448 – 468.

Holmstrom B, Milgrom P, 1994. The firm as an incentive system [J]. American Economic Review, 84 (4): 921 – 991.

Holmstrom B, Paul M, 1991. Multi – task principal – agent analyses: Incentive contracts, asset ownership and job design [J]. Journal of Law, Economics and Organization, 7: 24 – 52.

Holmstrom B, 1979. Moral hazard and observability [J]. Bell Journal of Economics, 10 (1): 74 – 91.

Holmstrom B, 1982. Moral hazard in team [J]. Bell Journal of Economics, 13 (2): 324 - 340.

Huang H X, Gay Y M, Bruce J S, et al. , 2006. Factors influencing Illinois farmland value [J]. American Journal of Agricultural Economics, 88 (2): 458 - 470.

Ito J, Bao Z, Ni J, 2016. Land rental development via institutional innovation in rural Jiangsu, China [J]. Food Policy, 59: 1 - 11.

Jacoby H G, Li G, S Rozelle, 2002. Hazards of expropriation: tenure insecurity and investment in rural China [J]. American Economic Review, 92: 1420 - 1447.

Jacoby H G, Mansuri G, 2008. Land tenancy and non - contractible investment in rural Pakistan [J]. Review of Economic Studies, 75: 763 - 788.

Jin S Q, Deininger K, 2009. Land rental markets in the process of rural structural transformation: Productivity and equity impacts from China [J]. Journal of Comparative Economics, 37: 629 - 646.

Kawasaki K, 2010. The costs and benefits of land fragmentation of rice farms in Japan [J]. Australian Journal of Agricultural and Resource Economics, 54 (4): 509 - 526.

Klein B, Crawford R, Alchain A, 1978. Vertical integration, appropriable rents and the competitive contracting process [J]. Journal of Law and Economics, 21 (2): 297 - 326.

Kousar R, Abdulai A, 2015. Off - farm work, land tenancy contracts and investment in soil conservation measures in rural Pakistan [J]. Australian Journal of Agricultural and Resource Economics, 60: 307 - 325.

Lunduka R W, 2009. Land rental markets, investment and productivity under customary land tenure system in Malawi [J]. Trondheim: Norwegian University.

Luo B L, 2018. 40 - year reform of farmland institution in China: target, effort and the future [J]. China Agricultural Economic Review, 10 (1): 66 - 35.

Lyu K, Chen K, Zhang H Z, 2019. Relationship between land tenure and soil quality: Evidence from China's soil fertility analysis [J]. Land Use Policy, 80: 345 - 361.

M De La Rupelle, Quheng D, Shi L, et al. , 2010. Land rights insecurity and temporary migration in rural China [C]. Econometric Society 10th World Congress 2010.

Masten S E, Crocker K J, 1985. Efficient adaptation in long - term contracts: Take - or - pay provisions for natural gas [J]. American Economic Review, 75 (5): 1083 - 1093.

Muraoka R, Jin S, Jayne T S, 2018. Land access, land rental and food security:

Evidence from Kenya [J]. Land Use Policy, 70: 611 – 622.

Piotr B, Aneta B B, Elżbieta J S, et al., 2019. Price volatility of agricultural land in Poland in the context of the European Union [J]. Land Use Policy, 82: 486 – 496.

Place F, 2009. Land tenure and agricultural productivity in Africa: A comparative analysis of the economics literature and recent policy strategies and reforms [J]. World Development, 37 (8): 1326 – 1336.

Rao F P, Spoor M, Ma X L, et al., 2017. Perceived land tenure security in rural Xinjiang, China: The role of official land documents and trust [J]. China Economic Review.

Rao F, Max S, Ma X, et al., 2016. Land tenure (in) security and crop – tree intercropping in rural Xinjiang, China [J]. Land Use Policy, 50: 102 – 114.

Reig – Martinez E, Picazo – Tadeo A, 2004. Analyzing farming systems with data envelopment analysis: Citrus farming in Spain [J]. Agricultural Systems, 82: 17 –30.

Sheng Y, Chancellor W, 2019. Exploring the relationship between farm size and productivity: Evidence from the Australian grains industry [J]. Food Policy, 84.

Smith R E, 2004. Land tenure, fixed investment, and farm productivity: Evidence from Zambia's Southern Province [J]. World Development, 32 (10): 1641 – 1661.

Tang L, Ma X L, Zhou Y P, et al., 2019. Social relations, public interventions and land rent deviation: Evidence from Jiangsu Province in China [J]. Land Use Policy, 86: 406 – 420.

Tirole J, 1986. Hierarchies and bureaucracies: on the role of collusion in organizations [J]. Journal of Law, Economics, and Organization, 2 (2): 181 – 214.

Tirole J, 1996. A theory of collective reputations (with applications to the persistence of corruption and to firm quality) [J]. Review of Economic Study, 63: 1 – 22.

Van Gelder J L, 2010. What tenure security? The case for a tripartite view [J]. Land Use Policy, 27 (2): 449 – 456.

Wang J Y, Chen K Z, Gupta S D, et al., 2015. Is small still beautiful? A comparative study of rice farm size and productivity in China and India [J]. China Agricultural Economic Review, 7: 484 – 509.

Wang Y H, Li X B, Li W, et al., 2018. Land titling program and farmland rental market participation in China: Evidence from pilot provinces [J]. Land Use Policy, 74: 281 – 290.

Williamson O E, 1985. The economic institutions of capitalism: Firms, markets, relational contracting [M]. New York: Free Press.

Wu Z P, Liu M Q, Davis J, 2005. Land consolidation and productivity in Chinese household crop production [J]. China Economic Review, 16: 28 - 49.

Yang X Y, Martin O, Matthias R, 2019. The spatial and temporal diffusion of agricultural land prices [J]. Land Economics, 95 (1): 108 - 123.

Yang X Y, Matthias R, Martin O, 2017. Testing for regional convergence of agricultural land prices [J]. Land Use Policy, 64: 64 - 75.

Yao Y, 2000. The development of the land lease market in rural China [J]. Land Economics, 76 (2): 1 - 38.

Zhang L X, Cao Y M, Bai Y L, 2019. The impact of the land certificated program on the farmland rental market in rural China [J]. Journal of Rural Studies.

附 录

自查	互查	队长

是否农地转入户	
转出户是否农户	
是否矮化种植户	

编码：＿＿＿＿＿＿＿

苹果种植户种植情况调查问卷

尊敬的果农朋友您好，我们是西北农林科技大学"苹果产业经济研究"课题组成员。本次调查数据仅用于学术研究和相关政策报告撰写。按照《中华人民共和国统计法》，您的相关信息将被严格保密，谢谢您的配合！

省：＿＿＿＿＿＿＿＿＿＿＿＿＿＿

县：＿＿＿＿＿＿＿＿＿＿＿＿＿＿

乡：＿＿＿＿＿＿＿＿＿＿＿＿＿＿

村：＿＿＿＿＿＿＿＿＿＿＿＿＿＿

受访者姓名：＿＿＿＿＿＿＿＿＿＿＿＿

受访者电话：＿＿＿＿＿＿＿＿＿＿＿＿

调查员姓名：＿＿＿＿＿＿＿＿＿＿＿＿

调查日期：＿＿＿＿年＿＿＿月＿＿＿日

【问卷填写注意事项】

一、我们的守则

1. 诚实、负责、绝不弄虚作假。

2. 始终持公平、中立态度。

3. 文明礼貌、和气待人、耐心细致，始终如一。

4. 掌握抽样调查、访谈、追问的基本知识和技能。

5. 严格执行每项调查的技术规范，不得擅自更改。

6. 准确完整地保持调查数据的原始形态，不修改被访者答案。

7. 尊重被访者意愿，不侵犯被访者隐私，不冒犯被访者禁忌。

8. 衣着整洁，禁止穿拖鞋、奇装异服入户访问。

9. 遵守保密原则，不得同与本研究无关的任何人提及被访者的任何资料。

二、我们的流程

第一步：在当地工作人员的配合下，找到正确样本户；

第二步：主动出示介绍信和调查员证，简短的自我介绍，说明来意；

第三步：赠送礼品；

第四步：使用问卷进行现场访问；

第五步：检查问卷有无遗漏；

第六步：请求被访者留下姓名和联系电话，对他们的合作表示谢意，告别受访者。

三、我们的注意事项

1. 填写家庭人口基本信息时，一定要反复确认清楚是否分家和实际住在这里的人口数；

2. 注意区分"不知道"和"没有"的区别，"不知道"是指由于受访者忘记或无法回答等原因导致的，调查员尽最大努力也无法获得答案的题项，用"N"表示；而"没有"用"0"表示；

3. 尽可能在被访者家里或院内访问，如果条件有限，应尽可能选取相对独立安静的环境进行访问；

4. 访问时注意控制访问场面，不要造成围观；

5. 离开被访者家时，一定要仔细检查问卷，不要有漏问或模糊的答案，导致补问困难；

6. 调查员访问完后必须在指定地点交问卷，督导应当场审卷，合格后方可离开调查点；

7. 在问卷上最好写上户主名/当家人的联系方式；

8. 注意人身安全，尤其注意不要被狗咬；

9. 自带水，尽可能不在被访者家里吃饭，避免可能的水土不服；

10. 访问结束后及时总结农村执行情况；

11. 本问卷投入产出部分为地块信息，如果农户给出的是总的信息，一定要折算到每个地块上；

12. 除特殊说明外，本问卷题项均为单选题。

一、农户基本情况

1. 户主有无一技之长（电焊、泥瓦、编织、雕刻等）或其他非农就业技能：1＝是；0＝否。

2. 2016 年您家参加过何种类型的保障项目（可多选）：

1＝新型农村合作医疗，_____元；2＝新型农村养老保险，_____元；3＝农村低保（含五保户）；4＝商业保险；5＝其他。

3. 您家是否是种植示范户：1＝是；0＝否。

4. 您家现在共有_____人，其中，种苹果的劳动力有_____人，外出务工有_____人。

代码 1：1＝本人；2＝配偶；3＝父母；4＝儿子，女儿；5＝儿媳，女婿；6＝其他

代码 2：1＝普通农户；2＝村干部；3＝党员；4＝苹果代办；5＝合作社干部；6＝其他_____（可多选）

代码 3：1＝完全务农（无务工经历）；2＝完全务农（曾务工）；3＝农忙时参与务农；4＝完全不务农；5＝参军或上学；6＝无劳动力

代码 4：1~10 打分，1 代表不好，分数越高越好，10 代表最好

代码 5：1＝佛教；2＝道教；3＝民间信仰（如拜关公）；4＝伊斯兰教；5＝基督教；6＝天主教；0＝无

代码 6：1＝不打算耕种；2＝不太愿意耕种；3＝一般；4＝比较愿意耕种；5＝非常愿意耕种

个人编码	与户主关系	性别	年龄	上学年限	曾经社会经历	务农状况	一年中从事农业生产的时间（月）		种苹果多少年	从事非农工作多少年	健康状况	有无宗教信仰行为	未来耕种意愿	是否农业生产主要决策者
	代码1	1＝男；2＝女	周岁	年	代码2	代码3	2017	2016	年	年	代码4	代码5	代码6	1＝是；0＝否
1	1＝本人													
2														
3														

（续）

个人编码	与户主关系	性别	年龄	上学年限	曾经社会经历	务农状况	一年中从事农业生产的时间（月）		种苹果多少年	从事非农工作多少年	健康状况	有无宗教信仰行为	未来耕种意愿	是否农业生产主要决策者
	代码1	1＝男；2＝女	周岁	年	代码2	代码3	2017	2016	年	年	代码4	代码5	代码6	1＝是；0＝否
4														
5														
6														
7														

说明：若受访对象1不是农业生产主要决策者，请在受访对象2处填写主要决策者信息。

5. 非农就业情况：

代码1：1＝本乡镇内；2＝本县内；3＝本地级市内；4＝本省内；5＝外省

个人编码	2016年非农工作					开始从事非农工作至今换过几次工作	是否城市户口
	拿工资还是自营（做买卖或生意）	是否签劳动合同	工作地点	从业年限	交给家里的钱物		
	1＝拿工资；2＝自营	1＝是；0＝否	代码1	年	元		1＝是；0＝否

6. 您家到最近的镇政府距离_____公里，到最近的国道或省道_____公里，到最近的银行网点_____公里，到最近的派出所_____公里。

7. 您认为您家上网或联网方便吗？

1＝非常不方便；2＝比较不方便；3＝一般；4＝比较方便；5＝很方便。

8. 您家是否有电脑：1＝是；0＝否。若是，每年的网费_____元。

9. 您家是否三代人（爷爷、爸爸及户主本人）均生活在本村？1＝是；0＝否。

10. 您家的姓是村里的大姓吗？1＝是；0＝否。

11. 户主配偶母亲的家庭成分：1＝地主或企业主；2＝贫下中农、工人阶级和革命家庭。

12. 您认为目前在本村中，您家的收入水平处于何种位置？_____（1～10 打分，最高为 10，最低为 1，分数越低，收入水平越低）

二、土地情况

1. 产权认知

序号	题目	选项	答案
1	您认为农村土地归谁所有？	1＝国家；2＝地方政府；3＝村集体；4＝农民个人；5＝共产党；	
2	您认为拥有自家土地哪些权利（可多选）？	1＝所有权；2＝使用权；3＝收益权；4＝转让权；5＝抵押权；6＝继承权；7＝退出权	
3	二轮承包（1998 年）以来，您家土地曾经调整过吗，初始分配获得多少亩土地？_____亩	1＝是，其中，大调整（村集体收回全部土地再分配）_____次，小调整（增人增地，减人减地）_____次；0＝否	
4	您认为土地随家庭人口变化而调整合理吗？	1＝非常不合理；2＝比较不合理；3＝比较合理；4＝非常合理	
5	您了解当前我国农村土地方面（管理等）的法律法规吗？（如农村土地承包法等）	1＝完全不了解；2＝比较不了解；3＝比较了解；4＝非常了解	
6	您家土地是否被征用过（修路等公共事务）？	1＝是（征用过_____次）；0＝否	
7	您认为未来农地政策会发生改变吗？	0＝不会；1＝会；2＝不清楚	
8	过去五年，在土地流转过程中，本行政村内是否发生过土地纠纷？	1＝是，_____次；0＝否	

（续）

序号	题目	选项	答案
8a	*若是，您印象最清楚的土地纠纷是何种原因？	1＝转出方违约，非农失业后返乡收回土地（期限未到）；2＝转出方违约，担心失去土地（土地调整前）；3＝转出方违约，果园经营收益提高（转入户长期投资以后）；4＝转入方违约，破坏土地质量或地面附属物；5＝转入方违约，未支付租金；6＝转入方违约，不遵守租赁期限；7＝其他＿＿＿＿＿	
8b	*若是，上述纠纷的最终解决方式是什么？	1＝诉诸法律；2＝寻求村干部等第三方协调；3＝双方协商解决；4＝其他＿＿＿＿＿	
8c	*若是，是否有赔偿？	1＝是，＿＿＿＿＿元；0＝否	
8d	*若是，您认为上述纠纷解决方式是否合理？	1＝非常不合理；2＝比较不合理；4＝比较合理；5＝非常合理	
9	村里经常宣传土地流转方面的法律法规吗？	1＝非常多；2＝比较多；4＝比较少；5＝非常少	
10	近五年，村里是否开过土地方面的村民大会？	1＝是，＿＿＿＿＿次；0＝否	
11	您知道农地承包期限再延长三十年吗？	1＝非常了解；2＝比较了解；3＝一般；4＝比较不了解；5＝非常不了解	

2. 土地基本情况

（1）您家现有土地＿＿＿＿＿亩，苹果种植总面积＿＿＿＿＿亩，其中，挂果园＿＿＿＿＿亩（其中，转入地＿＿＿＿＿亩），幼园＿＿＿＿＿亩（其中，转入地＿＿＿＿＿亩）；

（2）共转出＿＿＿＿＿亩土地；

（3）共参加过＿＿＿＿＿次土地流转（转入和转出加总）；

（4）现有地块总数＿＿＿＿＿块，自有地＿＿＿＿＿块，转入地＿＿＿＿＿块。

3. 地块分布状况（按各地块所在方位，画出地块所在位置并编号：自有地编号为O；转入地编号为L；从自有地和转入地中分别随机选取一个地块）

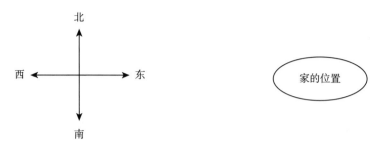

4. 主要地块基本情况

代码 1：1＝从其他农户转入的地块；2＝村里机动地（预留地）；3＝从村里分到的地；4＝开荒地；5＝曾转出、现收回的地；6＝继承地；7＝换地；8＝其他，注明_____

代码 2：1＝非常平坦；2＝比较平坦；3＝一般；4＝比较陡峭；5＝非常陡峭

代码 3：1＝非常好；2＝比较好；3＝一般；4＝比较差；5＝非常差

代码 4：1＝农户自己决定，但会与其他农户协商；2＝农户自己决定，但响应政府宣传；3＝农户自己决定；4＝政府决定；5＝其他

地块编码	地块面积	土地来源	离家距离	离最近硬化路距离	离最近乡政府距离	能否灌溉	土地类型（坡度）	自家已耕种多少年	平均树龄	挂果年限	地块质量	这块地种什么由谁决定	未来该地块会重新调整吗	若是，下次调整还能得到该地块吗
	亩	代码1	公里	公里	公里	1＝是；0＝否	代码2	年	年	年	代码3	代码4		1＝是；2＝不清楚；0＝否
L1														
L2														
O1														

5. 自有地（集体分配土地）产权安排

代码 1：1＝承包合同；2＝承包证书；3＝二者兼有；0＝无

代码 2：1＝乡镇政府；2＝县政府；3＝省政府；4＝其他_____

代码 3：1＝非常不重要；2＝比较不重要；3＝比较重要；4＝非常重要

代码 4：1＝非常少；2＝比较少；3＝基本适合；4＝比较适合；5＝非

常适合

地块编码	拥有哪些凭证	是否进行土地确权登记	若是，确权时间是何时	是否颁发确权登记证书	若是，是谁颁发的证书	你认为保护土地权利时，确权证书重要吗	该地可能被征用吗	该地基础设施情况
	代码1	1＝是；0＝否	年/月	1＝是；0＝否	代码2	代码3	1＝是；0＝否	代码4
O1								

6. 转入地块（租赁地块）产权安排

6.1 除正在耕种的转入地块外，过往转入过其他地块并已被收回吗？1＝是；0＝否。

6.1a 若是，那次收回土地的原因是什么？1＝租赁到期；2＝对方主动收回；3＝本人主动交出去。

序号	问项	选项	L1 转入	L2 转入
1	何时转入？	＿＿＿＿年＿＿＿＿月		
2	您家转入地块是否与自家土地连片？	1＝是；0＝否		
3	流转对象是从哪来的？	1＝自然村内；2＝行政村内；3＝本乡外村；4＝本县外乡；5＝本省外县；6＝外省		
4	流转前，该地用途是什么？	1＝种粮食；2＝患病果园（腐烂病）；3＝健康果园；4＝其他果树；5＝荒地；6＝抛荒地；7＝其他＿＿＿＿		
5	流转前，该地块的基础设施情况怎么样？	1＝非常少；2＝比较少；3＝基本适合；4＝比较适合；5＝非常适合		
6	流转前，有以下何种设施（可多选）？	1＝滴灌等灌溉设施；2＝水渠/水井/水塘；3＝防雹设施；4＝诱虫灯；5＝地埂；6＝储物等房屋；7＝道路；8＝其他＿＿＿＿		
6a	流转后，是否平整土地？	1＝是，＿＿＿＿元（含机械、材料、人工等）；0＝否		

（续）

序号	问项	选项	L1 转入	L2 转入
6b	流转后，新增以下何种设施？（可多选）	1＝滴灌等灌溉设施；2＝水渠/水井/水塘；3＝防雹设施；4＝诱虫灯；5＝地膜；6＝储物等用途的房屋；7＝道路；8＝其他＿＿＿＿		
7	流转时，通常使用何种契约形式？	1＝口头协议；2＝书面合同		
7a	*若使用书面合同，是否有违约惩罚条款？	1＝是；0＝否		
7b	*若使用书面合同，是否经公证（村委会等签章)？	1＝是；0＝否		
8	流转协议通常包括哪些内容（可多选)？	1＝保持土壤肥力；2＝果树成活率；3＝地面附属物完好；4＝纠纷处理方式；5＝优先租赁权		
9	签合同或协议时，有担保或第三方在场吗（可多选)	1＝村委会干部；2＝村中有威望的人；3＝亲戚；4＝熟人/朋友；5＝其他＿＿＿＿；0＝否		
10	合同或协议是一年一定吗？	1＝是；0＝否		
11	流转时，是否约定期限？	1＝是，期限是＿＿＿＿年（一年一定填"1"）；0＝否		
12	流转时，是否收取租金？	1＝是；0＝否		
12a	*若是，支付方式是什么？	1＝一年一付；2＝合同期一次结清；3＝分几次付清；4＝其他＿＿＿＿		
12b	*若是，租金通常采取何种形式？	1＝固定租金，＿＿＿＿元/(亩·年)；2＝非固定租金，初始年份租金＿＿＿＿元/(亩·年)		
12c	*若是非固定租金，租金如何变化？	1＝是，每年固定涨价＿＿＿＿%或＿＿＿＿元；2＝根据市场行情随机变化；0＝否		

（续）

序号	问项	选项	L1 转入	L2 转入
13	该地块有没有续约过？	1＝是，续约_____次；0＝否		
14	该地块到期后是否还想继续转入？	1＝是；2＝不确定；0＝否		
15	流转该块土地需得到谁的批准或备案？	1＝县政府；2＝乡镇政府；3＝村委会；4＝村小组；5＝其他_____；0＝不需要		
16	您从哪里获得农地转出方流转农地的信息？	1＝转出户主动联系；2＝自己主动联系；3＝亲戚介绍；4＝熟人/朋友介绍；5＝普通村民介绍；6＝村委会联系；7＝中介组织；8＝村内宣传栏等固定位置；9＝网络信息；10＝其他		
17	流转时谈判需花费_____天，交通费（自有工具算油费）和通信费_____元，餐饮费_____元。			
18	流转时，您感觉流转程序的复杂程度如何？	1＝非常容易；2＝比较容易；3＝一般；4＝比较麻烦；5＝非常麻烦		
19	流转是否发生过违约或纠纷？	1＝是；0＝否		
19a	（若否，请问如果）发生违约或纠纷，通常您首选的解决方式是什么？	1＝诉诸法律；2＝寻求村干部等第三方协调；3＝双方协商解决		
19b	*若存在纠纷或违约，有无赔偿？	1＝是，_____元；0＝否		
20	如果您违约，您是否会内疚？	1＝是；0＝否		
21	除该流转对象，当时您是否还有其他可能的流转对象？	1＝是，多少户_____户；0＝否		

（续）

序号	问项	选项	L1 转入	L2 转入
22	流转时，政府起到何种作用？（可多选）	1＝流转后主导开发；2＝评估土地价值；3＝勘测土地边界；4＝土地交易市场（所）；5＝村干部充当谈判对象；6＝村干部居中协调（联络）；7＝合同仲裁（纠纷）；8＝不管事		
23	流转对象是谁？	1＝亲戚；2＝朋友/熟人；3＝普通农户		
23a	转出户家庭决策者性别：1＝男；0＝女。决策者年龄_____岁，受教育年限_____年。			
23b	转出户家庭劳动力共有_____人，外出务工有_____人，老年（≥60岁）人口_____人。			
23c	转出户家庭决策者是否从事非农就业？1＝是；0＝否。若是，从事非农就业_____年，从事何种工作？1＝自营工商业；2＝拿工资			
23d	你们彼此认识_____年，今年与转出户联系过多少次_____次，如果对方有红白喜事，您平均支出_____元/次。			
23e	转出户原有土地规模_____亩，该地块到转出户家的距离_____公里。			
23f	您认为转出户家庭收入水平在本村所有农户中处于何种位置？（最高为10，最低为1，分数越低，收入水平位置越低）			
23g	日常生活中，你们是否彼此馈赠（过年过节时送礼物等）或帮助（帮工等）？	1＝是，何种馈赠（需折现）_____元或帮工_____元；0＝否		
23h	转出户家庭参与何种保障项目？（可多选）	1＝新型农村合作医疗；2＝新型农村养老保险；3＝农村低保；4＝商业保险		
23i	转出户为什么转出土地？	1＝举家外出；2＝未举家外出，但缺乏劳动力		
23j	转出户有哪些农业机械？（可多选）	1＝拖拉机；2＝三轮车（蹦蹦车）；3＝施肥开沟机；4＝旋耕机；5＝打药机；6＝割草机；0＝无		

（续）

序号	问项	选项	L1 转入	L2 转入
23k	本行政村内，转出户亲戚朋友多不多？	1＝非常少；2＝比较少；3＝一般；4＝比较多；5＝非常多		
23l	您与转出户的关系是否密切？	1＝非常密切；2＝比较密切；3＝一般；4＝不太密切；5＝非常不密切		

三、投入产出情况

1. 地块投入情况

要素投入		问题	单位	L1（转入地）	O1（自有地）
苹果种植密度			棵/亩		
栽培模式		1＝乔化；2＝矮化			
—若矮化，砧木类型		1＝自根砧，_____型；2＝中间砧，_____型			
树形		1＝纺锤形；2＝小冠开心形；3＝小冠疏层形；4＝主干分层形；5＝其他_____			
土质		1＝沙土；2＝沙壤土；3＝黏土			
果园立架		1＝是；0＝否			
年份				2017 / 2016	2017 / 2016

年份				2017	2016	2017	2016
肥料	这块地的化肥	金额	元				
		自用工及帮换工	工				
		雇工量	工				
	这块地的商品有机肥	金额	元				
		自用工及帮换工	工				
		雇工量	工				
		用工单价	元/天				
	这块地的其他有机肥（农家肥、沼液）	金额	元				
		自用工及帮换工	工				
		雇工量	工				
		用工单价	元/天				

（续）

要素投入	问题	单位	L1（转入地）		O1（自有地）	
这块地的农药（注：若打药全部外包，同时包括药和机械时，花费直接写在"打药费用"）	打药次数	次				
	农药总金额	元				
	自用工及帮换工	工				
	雇工量	工				
	用工单价	元/天				
	租赁机械费用	元				
	打药费用	元				
这块地的套袋	果袋用量	枚				
	果袋金额	元				
	自用工及帮换工	工				
	雇工总花费	元				
	用工单价	元/天				
	雇工量	工				
这块地的卸袋	自用工及帮换工	工				
	雇工量	工				
	用工单价	元/天				
这块地的疏花/疏果	自用工及帮换工	工				
	雇工量	工				
	用工单价	元/天				
这块地的修剪与清园	自用工及帮换工	工				
	雇工量	工				
	用工单价	元/天				
这块地的采摘（边摘边卖时，填至"销售"部分）	自用工及帮换工	工				
	雇工量	工				
	用工单价	元/天				
这块地的销售	储藏包装费用（含纸箱、库存费等）	元				
	销售自用工	工				
	销售雇工	工				
	用工单价（若提供伙食、香烟等，需折现后计入用工单价）	元/天				
	运输费用（自有工具只计入油、电费）	元				

（续）

要素投入	问题	单位	L1（转入地）		O1（自有地）	
这块地的灌溉（代码1：1＝大水漫灌；2＝滴灌；3＝喷灌；4＝穴灌；5＝其他）	灌溉方式	代码1				
	建设维护费	元				
	灌溉次数	次				
	用水量	吨/亩				
	水电油费	元				
	用工总花费	元				
这块地的防雹网	面积	亩				
	用工量	工				
这块地的人工授粉	费用	元				
	用工量	工				

2. 地块产出和销售情况

代码1：1＝富士；2＝嘎啦；3＝秦冠；4＝其他

	L1（转入地）		O1（自有地）	
	2017	2016	2017	2016
本地块苹果总产量（斤）				
本地块苹果毛收入（元）				
本地块主要苹果品种	代码1：		代码1：	
一级果比例（80％以上）				
二级果比例（75％～80％）				
三级果比例（70％～75％）				
四级果比例（65％～70％）				
一级果价格（元）				
二级果价格（元）				
三级果价格（元）				
四级果价格（元）				

注：产量和毛收入需精确到千位数。

3. 机械及其他生产设备购置和修理费（多台同一类型设备时，只算最新的）

种类	获取途径 （1＝自有； 2＝合买； 3＝租赁； 0＝无）	购买（修建/ 租赁）时间	自己花费 金额	若合买， 设备总价 值若租赁， 租赁费	政府补贴	每年修理 花多少钱
拖拉机（手扶机）						
三轮车（蹦蹦车）						
施肥开沟机						
旋耕机						
打药机（药泵＋带）						
割草机						
冷库						
集雨设施（水窖）						

四、农业风险及偏好测量

1. 2015 年至今，您家果园（租赁地和自有地）遭受各类自然灾害的次数分别为

自然灾害	涝灾	风灾	旱灾	冰雹	霜冻	雪灾	病虫害
L1（租赁地）							
O1（自有地）							

2. 2015 年至今，您家果园遭受自然灾害的产量损失次数情况（注意不超过 3 次）

损失比例	80％以上	60％～80％	40％～60％	20％～40％	20％以下	受自然灾害的影响 大不大（代码1）
L1（租赁地）						
O1（自有地）						

代码 1：1＝没有影响；2＝影响不大；3＝一般；4＝影响比较大；5＝影响非常大

3. 您家是否购买过政策性苹果保险？1＝是，最近投保年份＿＿＿＿＿＿年：＿＿＿＿＿＿亩，＿＿＿＿＿＿元/亩，0＝否。

五、家庭资产、支出与收入

1. 家庭资产（多项时，填最新的资产）

序号	项目	数量（个）	价格（元）	序号	项目	数量（个）	价格（元）
1	房屋（间）			6	洗衣机		
2	卡车			7	摩托车		
3	轿车			8	电动车		
4	彩色电视机			9	电脑		
5	电冰箱、冰柜			10	空调		

2. 家庭支出

序号	2016 年支出类别	金额（元）	序号	2016 年支出类别	金额（元）
1	家庭总支出		7	慢性病支出（有/无）	
2	家庭食品消费		8	日常医疗保健支出	
3	烟酒支出（自用）		9	教育和文化支出	
4	家庭衣物消费		10	礼品礼金支出（行门户、人情费）	
5	日常用品支出（日化用品等）		11	赡养支出	
6	交通费（含油费、车险、电费）		12	手机话费	

注：慢性病是指高血压、冠心病、糖尿病、慢性肝炎、肝硬化、肺结核、关节炎等。

3. 家庭收入（单位：元）

年份	苹果毛收入	苹果总产量	苹果纯收入	粮食纯收入	自营工商业纯收入	非农就业收入	农闲时打零工收入	农业补贴收入	财产性收入	农业机械油费
2017										
2016										

后 记 POSTSCRIPT

本书是在笔者博士论文的基础上修改而来。在六年硕博连读研究生过程中，有幸得到许多老师、同门手足以及亲朋好友的鼎力相助，顺利完成博士研究生期间各项任务。在学位论文完成之际，撰文以表感激之情。

首先，对我的恩师霍学喜教授和联合指导老师刘军弟副教授的悉心指导致以衷心感谢和崇高敬意。本研究从选题、研究方案及调研方案设计、实地调查到学位论文定稿、预答辩、答辩，无不在恩师的悉心指导下顺利完成。在科学研究过程中，恩师不仅时常教导科学的研究范式，提供丰富的学术交流机会和良好的科研学习环境，而且其扎实的经济学理论基础、严谨细致的治学态度、勤奋努力的工作精神均使我受益匪浅。在硕博学习期间，联合指导老师刘军弟副教授对期刊论文修改和发表以及学位论文选题、方案设计等无不付出了巨大的心血，提出诸多富有建设性的意见。特别是在开题论证环节，在荷兰作访问学者的刘军弟副教授多次组织在密歇根州立大学访学的师兄侯建昀副教授与我视频通话，详细讨论学位论文选题的诸多细节，在此特别致谢。诚挚感谢在攻读博士学位过程中以及学位论文开题、预答辩和答辩等环节中，郑少锋教授、刘天军教授、李桦教授、淮建军教授、赵凯教授、陆迁教授、朱玉春教授、姚顺波教授、姜志德教授、孔荣教授、赵敏娟教授、西北大学惠宁教授等老师的指导和帮助，为完善学位论文奠定了坚实的基础。

诚恩感谢西部农村发展研究中心刘天军教授、邵砾群副教授、闫小欢副教授、闫振宇老师在生活和科研上对我的关心。各位老师刻苦努力、钻研务实的态度使我受益良多。感谢侯建昀副教授、冯娟娟副教授、麻丽平博士、冯晓龙博士、马燕妮博士、尤亮博士、马兴栋博士、张聪颖博士、张连华博士、张强强博士、杨海钰博士、王月博士、蔡文聪硕士、杨晓彤硕士在师门例会上热烈讨论开拓了我的研究视野、研究思路和研究方法。还应感谢 2014 级硕士同学们和 2016 级博士同学们，特别是舍友谢刚、颜俨、朱百涛、刘振龙等在生活和科研上给予的关心和帮助，祝愿你们顺利完成博士学业或工作顺利。

在学位论文研究方案和调研方案设计过程中，同门师兄弟侯建昀、麻丽平、冯晓龙、尤亮、马兴栋、张聪颖、张连华、张强强、杨海钰等为完善和优化研究方案和调研方案提供了宝贵的意见和建议。同门师兄弟情深意厚，感恩之情溢于言表，在此特别致谢。在论文数据收集过程中，杨海钰、刘振龙、王喜鹊、王乾行、欧春梅、吴文希、王玉同我组成调研团队。我们历时 40 多天，克服坡陡沟深、大雪封路等各种艰难险阻，完成对山东和陕西 2 省 6 县 762 户专业化苹果种植户的数据搜集工作。感谢参与数据搜集工作的苹果种植户，正是他们牺牲了宝贵的时间，为本书提供了客观真实的信息和数据，在同他们交流过程中，我们也深入认识和理解了中国"三农"问题。

还应感谢在学业和生活上默默支持、帮助我的父母和其他亲朋好友。诚挚感谢你们在我遭遇挫折时给予我的帮助、鼓励和支持，你们的默默帮助和支持激励我完成博士学业。在数据搜集过程中，调研团队途经山东蒙阴，孙洋同学的热情款待缓解了团队成员的疲惫，在此一并致谢。特别感谢在博士学习和生活过程中给予我关心和支持的女朋友薛文，每当科研工作遇到挫折时，你耐心开导并鼓励我坚持努力。

李星光

2020 年 3 月 16 日于山东新泰

图书在版编目（CIP）数据

农地租赁契约形成机制及契约效果研究 / 李星光，
霍学喜，刘军弟著 . —北京：中国农业出版社，
2023.12
（中国"三农"问题前沿丛书）
ISBN 978-7-109-31402-3

Ⅰ.①农⋯　Ⅱ.①李⋯②霍⋯③刘⋯　Ⅲ.①农业用
地－租赁－契约－土地制度－研究－中国　Ⅳ.
①F321.1

中国国家版本馆 CIP 数据核字（2023）第 219429 号

中国农业出版社出版

地址：北京市朝阳区麦子店街 18 号楼
邮编：100125
责任编辑：郑　君　文字编辑：张斗艳
版式设计：王　晨　责任校对：吴丽婷
印刷：北京中兴印刷有限公司
版次：2023 年 12 月第 1 版
印次：2023 年 12 月北京第 1 次印刷
发行：新华书店北京发行所
开本：700mm×1000mm　1/16
印张：13.25
字数：209 千字
定价：68.00 元